ACTE III, SCÈNE IV.

JULIE,

ou

UNE SÉPARATION,

COMÉDIE EN CINQ ACTES ET EN PROSE,

Par M. Empis,

Représentée pour la première fois sur le Théâtre-Français, par les comédiens ordinaires du Roi, le 2 mai 1837.

PERSONNAGES.	ACTEURS.	PERSONNAGES.	ACTEURS.
LE COMTE DE NÉRIS, colonel.	M. VOLNYS.	ÉLISE, sa fille	Mlle PLESSY.
PRÉVAL, conseiller à la cour de cassation.	M. SAMSON. M. GEFFROY,	Mme DE CÉSANNE.	Mlle MANTE.
HENRI, duc de Theyal.	M. MIRECOURT.	ISAURE, sa fille	Mlle NOBLET.
CRÉPON, avoué	M. MONROSE.	LA MARQUISE DE BRÉCOURT, grand'mère du duc de Theyal.	Mme DESMOUSSEAUX
JULIE, femme du comte de Néris.	Mme VOLNYS.	MARTINE	Mme THÉNARD.

La scène se passe au Mont-d'Or, en 1831.

ACTE PREMIER.

Le théâtre représente un salon.

SCÈNE PREMIÈRE.

MARTINE, Mme DE CÉSANNE, ISAURE.

Mme DE CÉSANNE. Ah! mais, en vérité, cela n'est pas tolérable! C'est à déserter le Mont-d'Or. Comment! mademoiselle Martine, il y a plus de trois semaines que j'attends l'appartement que M. le ministre de la guerre occupait en face de celui de madame la marquise de Brécourt. Le ministre vient à peine de quitter les eaux, et déjà son appartement est donné à Mme de Néris! et votre maîtresse s'est imaginé que je souffrirais un pareil affront!

MARTINE. Mais, madame, Mme de Néris avait retenu ce logement dès son arrivée.

Mme DE CÉSANNE. C'est faux, mademoiselle ! de toute fausseté !

ISAURE. Pardonnez-moi, maman....

Mme DE CÉSANNE. Silence, ma fille !

ISAURE. Je crois pouvoir vous assurer...

Mme DE CÉSANNE. Taisez-vous, mademoiselle ! vous ne savez ce que vous dites. Mademoiselle Martine, c'est moi, madame de Césanne, qui vous affirme que cet appartement m'a été promis ; il m'appartient, il est à moi, je le veux, je l'aurai ! Mais, pour l'amour de Dieu, que notre très-chère hôtesse ne nous fasse point encore une scène de tout ceci. J'ai le bruit et les discussions en horreur. Que Mme Boyer y prenne garde ! je ne menace pas, je ne dénonce pas ; mais on joue beaucoup ici, l'on parle politique, et il s'y tient des propos très-séditieux. Je puis continuer à ne rien voir et à ne rien entendre ; mais si prompte justice ne m'est pas faite, je pars aujourd'hui même pour Paris ; je n'ai qu'un mot à dire à mon ami le ministre de l'intérieur, et je fais destituer le docteur Bertrand, et fermer l'établissement. C'est un avis, mademoiselle Martine, que je vous prie de vouloir bien donner à madame Boyer.

MARTINE. Mais, madame...

Mme DE CÉSANNE. Sortez, mademoiselle, et ne répliquez pas.

MARTINE, *à part*. Oh ! mon Dieu ! la méchante femme.

SCENE II.
Mme DE CÉSANNE, ISAURE.

Mme DE CÉSANNE. Isaure, vous le savez, je n'ai pas de sotte susceptibilité. Dans le tête-à-tête, de vous à moi, vous pouvez m'adresser toutes les observations qu'il vous plaît ; mais dans le monde, devant un tiers, la moindre contradiction me blesse et m'irrite. C'est plus fort que moi, au moindre mot je m'emporte. Êtes-vous donc incorrigible, Isaure ? Et, puisqu'il doit enfin vous être démontré que je ne saurais vaincre mon caractère, ne serait-il pas plus sage et plus généreux à vous de prendre quelque empire sur vous-même ? Je vous le demande, ma fille, est-ce trop exiger de votre raison et de votre tendresse pour moi ?

ISAURE. Eh bien donc ! maman, puisque nous sommes seules, qu'il me soit permis...

Mme DE CÉSANNE. Isaure, c'est assez ; c'est beaucoup trop. Les momens sont précieux ; il est nécessaire que j'aie un entretien avec vous, et je vous prie très-instamment de m'accorder toute votre attention. Ma fille, depuis que j'ai eu le malheur de perdre M. de Césanne, votre père, votre établissement a été l'unique occupation de ma vie. Je vous ai donné la plus brillante éducation ; il n'est pas un art qui vous soit étranger ; aucun sacrifice ne m'a coûté ; nous avons parcouru l'Allemagne et l'Italie, visité toutes les eaux, toutes les cours de l'Europe ; et je puis dire avec quelque orgueil que partout où je vous ai montrée, j'ai toujours trouvé le moyen de vous faire remarquer et de faire parler de vous. Cependant, ma fille, vous avez vingt-deux ans, et vous n'êtes pas mariée ! N'y aurait-il pas un peu de votre faute, Isaure ?

ISAURE. A moi, maman ?

Mme DE CÉSANNE. Votre beauté est, à juste titre, l'objet de l'admiration universelle, et vous semblez ignorer que vous êtes jolie. Une robe blanche, une fleur, un ruban, voilà toute votre parure ! Parle-t-on devant vous des affaires politiques, ou des romans du jour ? vous ne dites mot, vous écoutez ! Est-ce ainsi que vous pratiquez les leçons et les exemples que je vous ai donnés ? Vous avez de l'indulgence et des éloges pour toutes vos amies ; vous les vantez, vous les prônez sans cesse et sans mesure ! Aussi, qu'arrive-t-il ? Aucune d'elles n'oserait seulement entrer en comparaison avec vous, et cependant les maris viennent à elles ; et vous, ma fille, je le répète, vous avez vingt-deux ans, et vous n'êtes pas encore mariée !... Eh bien ! ma chère enfant, tant de fautes ne sont pas irréparables ; et, grâce à ma prudence et à mon habileté, je puis vous annoncer que vous êtes à la veille de faire un mariage magnifique. Ma fille, M. le duc de Theyal vous aime.

ISAURE. Moi, ma mère !

Mme DE CÉSANNE. Il vous adore... à en perdre la tête. Vous baissez les yeux, Isaure, et votre émotion trahit toute votre joie. Je ne vous apprends rien, sans doute ? Eh bien ! voyons, voyons, un peu de confiance et d'abandon avec votre bonne mère. On dirait, en vérité, que vous vous méfiez de moi et que vous vous tenez en garde contre ma légèreté ou mon indiscrétion ?

ISAURE. Eh ! maman, pourquoi revenir sans cesse sur un semblable sujet ? et, après tant de conjectures hasardées, faut-il encore nous exposer à de nouveaux mécomptes ? Jusqu'ici rien n'indique que M. de Theyal ait une préférence pour moi. Je ne disconviens pas qu'il ne soit rempli d'attentions et de prévenances. Déjà la gêne et la cérémonie ont fait place à cette sorte de familiarité qu'autorise le séjour des eaux et l'habitude de vivre en communauté. C'est de la bienveillance, de l'amitié peut-être... Il se montre ainsi à l'égard de madame de Néris... d'Élise... Mais de l'amour!... Oh! non, maman, M. de Theyal n'a pas d'amour pour moi.

Mme DE CÉSANNE. Ma fille, M. de Theyal vous aime; je le sais à n'en pas douter. Dès notre arrivée au Mont-d'Or, il s'était confié à Mme de Lussan. Est-ce clair? Soyez donc une fois bien convaincue qu'une mère sage ne dit à sa fille que ce qu'elle doit savoir. Mais le silence prolongé de M. Henri et de sa grand'mère, Mme la marquise de Brécourt, me prouve enfin, mon enfant, que vous êtes la victime du complot le plus noir. Élise est votre rivale!

ISAURE. Elise!

Mme DE CÉSANNE. Et Mme de Néris mon ennemie mortelle. L'instant est donc venu de nous concerter et de réunir tous nos efforts pour faire tête à l'orage. Dans quelques minutes, nous partons pour le Pic-Sancy. Je ne prévois pas les discours de M. de Theyal; mais je ne puis vous laisser ignorer le pouvoir d'un mot placé à propos, l'avantage qu'on peut tirer d'une parole bien interprétée...

ISAURE. Mais, ma mère, en vérité...

Mme DE CÉSANNE. Vous ne m'entendez pas, et vous prenez toutes mes paroles à contre-sens. Eh! ma chère, persuadez-vous donc bien qu'il n'y a, dans tout ceci, ni intrigue ni manége, ni le moindre semblant de coquetterie: c'est de l'esprit de conduite, et rien de plus. On vient. Silence!.. attention, ma fille!

ISAURE, à part. Oh! mon Dieu! comment renoncer à une espérance si flatteuse?..... puisse-t-elle encore ne pas être déçue!

SCENE III.

Mme DE CÉSANNE, ISAURE, HENRI, ÉLISE, Mme DE BRÉCOURT, JULIE.

HENRI. Mesdames, si vous voulez partir, le guide est à vos ordres.

ÉLISE. Vite! vite! partons, mesdames, partons! Combien je suis curieuse de trouver encore des violettes et des fraises au milieu des glaciers!

Mme DE BRÉCOURT. Mesdemoiselles, et vous, monsieur mon petit-fils, qu'on m'écoute! Il est sept heures; nous déjeunons à dix: donc, vous n'avez que trois heures à donner à votre promenade. De l'exactitude, ou nous déjeunons sans vous. Des rires, de la gaîté, tant que vous pourrez: il faut que jeunesse s'amuse! mais point

d'imprudences; je veux qu'on prenne ici l'engagement de n'aller que le pas sur le revers du pic Sancy, et, si le vent s'élève, de s'envelopper de son manteau. Me le promet-on?

ÉLISE. Nous le jurons!

Mme DE BRÉCOURT. Fort bien! Il faut que nous soyons en voix pour ce soir, afin de ravir tous nos auditeurs. Et vous, chère madame de Césanne, ne jetez pas les hauts cris au moindre ruisseau que vous aurez à traverser; n'ayez pas la prétention de diriger votre cheval; laissez-vous conduire par lui; il connaît son terrain: c'est le seul moyen de prévenir les chutes. Voilà mes ordonnances. J'ai dit: partez, et que Dieu vous accompagne! Un moment! si M. Henri me fait un rapport favorable sur la conduite de ces demoiselles, pour prix de leur obéissance, ce soir, après le concert, je donne bal à tout le Mont-d'Or.

HENRI. Bravo! bravo! ma bonne mère!

ÉLISE. Vive madame la marquise de Brécourt! Partons, partons, monsieur Henri!

JULIE, à Mme de Césanne. Madame, je vous demande en grâce d'avoir l'œil sur cette jeune folle!

ÉLISE. Jeune folle! une fille qu'on prend tous les jours pour la sœur de sa mère!

JULIE. Je vous abandonne toute mon autorité.

Mme DE CÉSANNE. Et j'en ferai bon usage, madame. Allons, Isaure, ouvrez la marche avec M. le duc. Vous, mademoiselle Elise, vous me servirez d'écuyer. Je n'ai pas l'intrépidité de madame la marquise, et votre malice est sujette à s'égayer de mes frayeurs... Mais aujourd'hui vous aurez pour moi toutes les prévenances et toute la sollicitude d'un galant chevalier.

ÉLISE. Vous pouvez-y compter; à moins cependant que mon noble palefroi ne veuille s'élancer sur les traces du fougueux destrier de M. Henri! Depuis quelques jours ils se sont pris d'une passion héroïque l'un pour l'autre! ils ne peuvent plus se quitter! et, quand ils veulent une chose, ces Auvergnats sont têtus!... A vous donc les honneurs du pas, monsieur le duc! votre bras à Mlle de Césanne.

HENRI, à Isaure. Mademoiselle...

ÉLISE, à Mme de Césanne. Et vous, belle châtelaine, daignez me faire la grâce d'accepter le mien.

Mme DE CÉSANNE. Avec le plus grand plaisir, preux chevalier. (A madame de Brécourt.) Elle est vraiment charmante! Et, quand la raison sera venue, et qu'on pourra songer à la marier, dans deux ou trois ans, je ne veux pas qu'elle recoive un mari d'autre main que de la mienne.

Ils sortent.

SCENE IV.
Mme DE BRÉCOURT, JULIE.

Mme DE BRÉCOURT. Excellente Mme de Gésanne! toujours aux ordres de tout le monde! Elle semble n'avoir ni désirs ni volontés, tant elle met d'empressement à prévenir ou à satisfaire les nôtres!

JULIE. Et sa fille, quelle intéressante personne! que de prudence et de raison! et quel tendre dévouement pour sa mère!

Mme DE BRÉCOURT. C'est fort bien! Mais il ne faudrait pourtant pas que ce dévouement nuisît à son établissement! il serait temps d'y penser sérieusement. C'est une séparation avec laquelle il faut se familiariser de bonne heure; et, lorsque le moment est venu, il faut se résigner avec courage. Cette petite moralité s'applique naturellement à toutes les mères qui ont une fille à marier, même à celles qui n'ont pas trente-deux ans, qui sont encore dans tout l'éclat de leur beauté. Comprenez-vous, chère madame de Néris, à quelle adresse va ce discours?

JULIE. Mais oui, madame la marquise... avec un peu de bonne volonté.... je suppose que c'est un compliment que vous avez la bonté de me faire, et comme tous ceux qui me viennent de vous me sont précieux, ma vanité est prompte à se les approprier, quitte à les restituer, s'ils appartiennent à d'autres.

Mme DE BRÉCOURT. Vous ne vous trompez pas. C'est bien à vous qu'il s'adresse, et pour vous ôter toute incertitude, je vais aller droit au but! Chère madame de Néris, je viens vous demander la main de votre jeune Elise pour mon petit-fils, le duc de Theyal.

JULIE. Eh! quoi! madame la marquise! est-il bien possible?...

Mme DE BRÉCOURT. Je prévois quelles peuvent être vos objections! Permettez-moi d'y répondre et de vous faire ici ma confession générale. Ma première faute, ma très-grande faute, c'est que je suis folle de vous, et que je vous aime à l'adoration! Talens, modestie, bienveillance, piété, dignité sans fausse grandeur, je retrouve en vous toutes les qualités de la mère de mon jeune Henri, et je me sens déjà pour vous toute la tendresse que j'avais pour ma fille!

JULIE. Ah! madame, par quelle profonde vénération pourrai-je jamais reconnaître un témoignage si flatteur de votre estime?

Mme DE BRÉCOURT. A votre âge, ma jeune amie, l'on ne peut se condamner à un veuvage éternel.

JULIE. Que dites-vous, madame la marquise?

Mme DE BRÉCOURT. Il ne m'appartient pas de vous demander compte de vos sentimens ni de vos projets; je veux seulement vous dire que votre indépendance restera entière et absolue. Aucune considération de fortune n'entre dans la proposition que j'ai l'honneur de vous soumettre. Tout ce que je souhaite, tout ce que je veux, c'est le bonheur de ceux que j'aime. Si donc quelqu'un était assez heureux pour mériter votre préférence, venez à moi, comme à une amie, comme à votre mère; ouvrez-moi votre cœur. Je ne vous demanderai qu'une grâce, ce sera de me permettre de regarder votre mari comme mon propre gendre, et alors, comme aujourd'hui, je vous dirai : Ma chère fille, ne me quittez pas, vivons ensemble, et ne formons tous qu'une seule famille. Ma demande, je m'en aperçois, vous arrive à l'improviste. Ce matin encore nous hésitions à la former. Henri a cru devoir prendre conseil. Il s'est adressé à M. Préval; il lui a confié son amour, et demandé son appui. C'est M. Préval qui nous a lui-même encouragés. Je n'ajouterai qu'un mot : mon bonheur, celui de mon fils, sont entre vos mains.

JULIE. Madame la marquise, je ne puis vous dire tout ce qui se passe en moi. Combien vous venez d'y éveiller de craintes et d'espérances! Avant de vous répondre, j'ai besoin d'interroger Elise, de m'interroger moi-même. Mais soyez bien persuadée que jamais le souvenir de cet entretien ne sortira de ma mémoire, et que j'y puiserai une nouvelle force pour justifier votre estime et mériter tant de bienveillance.

Mme DE BRÉCOURT. Adieu donc, adieu, ma chère Julie; vous le voyez, je me fais vieille; et, à mon âge, l'on est pressé de jouir... Je vous en prie, ne mettez pas mon impatience à une trop longue épreuve. Voici M. Préval; je vous laisse avec lui.

SCENE V.
PRÉVAL, Mme DE BRÉCOURT, JULIE.

Mme DE BRÉCOURT. Monsieur, Mme de Néris va sans doute vous parler de nous, de nos espérances. Je sais combien je vous dois déjà de remercîmens; achevez votre ouvrage. Monsieur, je me recommande à vous.

PRÉVAL. A moi, madame la marquise ! croyez bien que s'il dépendait de moi...

Mme DE BRÉCOURT. Vous y pouvez beaucoup, monsieur ! soyez sûr que vous y pouvez beaucoup !

Julie la suit jusqu'à la porte.

SCENE VI.
JULIE , PRÉVAL.

PRÉVAL , *à part.* Que veut-elle dire ? Aurait-elle pénétré mon secret, cet amour que j'ose à peine m'avouer à moi-même ? Ah ! si j'en avais la certitude...

JULIE. Ah! monsieur Préval...

PRÉVAL. Eh quoi ! madame! aurais-je eu le malheur de vous déplaire ?

JULIE. Pardon, pardon de mêler le reproche à l'expression de ma reconnaissance ! Mon Dieu, pourquoi de si justes craintes viennent-elles empoisonner tant de joie et de bonheur ! Un mariage inespéré !

PRÉVAL. Madame, j'ai peine à m'expliquer...

JULIE. Il faut parler ; je vois qu'il le faut ! Ah ! monsieur, que de démarches inconsidérées, que de résolutions précipitées dont le temps seul peut nous révéler les funestes conséquences ! Et qu'il est cruel de se sentir au-dessous de l'opinion qu'on a donnée de soi ! Les apparences vous ont trompé, monsieur : je ne suis pas veuve.

PRÉVAL. Ah ! grand Dieu ! comment, madame?

JULIE. Oui, monsieur, M. de Néris, le père d'Elise , existe encore. Depuis quatorze ans nous vivons séparés l'un de l'autre, séparés d'un accord mutuel. Déjà je lis dans vos regards la sévérité de votre jugement.

PRÉVAL. Ah ! madame, quelle interprétation !

JULIE. Permettez-moi d'achever. M. le comte de Néris tient à l'une des plus anciennes maisons de la Provence. Son nom, le crédit de sa famille, le placèrent, en 1814, au petit nombre des officiers qui joignaient aux priviléges de la naissance le mérite d'avoir gagné leurs grades sur le champ de bataille. Mon père jeta les yeux sur lui, et, sans nous connaître à peine, notre mariage fut arrêté et presque aussitôt conclu. Je n'avais pas seize ans. Elevée dans les pratiques étroites d'une piété mal entendue, mes habitudes, mes goûts, différaient entièrement de ceux de M. de Néris. La politique et l'esprit de parti, susci-

tés par les désastres de 1815, firent bientôt naître entre nous de nouveaux germes de discorde. La vie commune devint un état de guerre, une torture de tous les instans ! Jugez, monsieur ! L'intolérance d'une dévote aux prises avec l'incrédulité d'un militaire !... C'était un enfer !... Une séparation amiable fut consentie avec un égal empressement et une mutuelle reconnaissance. Je quittai Paris ; je rentrai dans le manoir de mon père. M. de Néris donna sa démission , et se fit bientôt remarquer parmi les chefs les plus ardens de l'opposition libérale. Son impatience , son courage, le rendant incapable de se prêter à ce que ses anciens amis nomment aujourd'hui l'hypocrisie des quinze années, il se compromit gravement , et fut obligé de chercher un refuge aux Etats-Unis. Dès lors toute communication cessa entre nous. Jugeant indigne de moi de me justifier aux dépens de son père, et voulant que son nom lui fût toujours cher et sacré, je ne le prononçai jamais devant Elise ; je m'imposai un silence absolu sur le passé : j'exigeai la même réserve de tous les miens, et ma fille dut me croire veuve. Le moment arriva de compléter son éducation ; j'eus l'idée de revenir à Paris, et d'y choisir pour demeure un établissement où je pusse trouver tout à la fois les avantages de la retraite, si favorable à l'étude, et les agrémens d'une société intime et choisie. Votre sœur, monsieur, m'indiqua l'Abbaye-aux-Bois, et je vins m'y fixer. C'est là que j'ai eu l'honneur de vous connaître. L'ignorance de ma fille sur ma situation réelle fut naturellement partagée ; et nul intérêt de famille ne m'ayant fait jusqu'à ce jour une nécessité de révéler la vérité, j'ai cru pouvoir prolonger une erreur qui n'était nuisible à personne, et qui favorisait mes desseins.

PRÉVAL. Et depuis 1830, madame, vous n'avez reçu aucune nouvelle de M. de Néris?

JULIE. Je devais penser que, maître de rentrer en France, heureux d'y voir accomplis les changemens qu'il avait appelés de tous ses vœux, il viendrait aussitôt réclamer le prix de son dévouement et de ses malheurs. Mais il n'a pas eu l'empressement de tant d'autres !... Je ne vous le cacherai pas, monsieur , mon orgueil se faisait une gloire secrète de présenter Elise à son père !... de jouir de son étonnement, de sa joie !... Vous dirai-je plus encore ?... ma vanité se sentait intéressée à m'offrir moi-même à ses yeux... bien différente, je le crois du moins , de ce qu'il m'avait connue autrefois !

PRÉVAL. Eh quoi ! madame !...

JULIE. Que voulez-vous ? je suis femme !... je suis mère !... C'est le père d'Elise, c'est mon mari !... Oui, monsieur, je l'attendais !... et s'il était venu ! oh ! je ne veux pas me flatter ; je ne crois avoir ni amour-propre ni coquetterie... mais il me semble qu'il n'eût pas été tout-à-fait impossible d'éveiller enfin, dans cette ame si froide et si fière, les regrets, les remords et l'amour peut-être !

PRÉVAL. De l'amour, madame !...

JULIE. Ah ! monsieur, après tant de dédains et de mépris, quel triomphe pour moi !... quelle douce vengeance !... mais, hélas ! il n'est pas venu !... et après huit mois d'attente, toutes ces illusions doivent enfin s'évanouir !... Il est donc vrai qu'il y a des cœurs d'airain que le temps ne peut amollir ; qu'il existe des êtres implacables qui, parvenus à peine au tiers de la vie, anticipent la mort, brisent froidement tous les liens de famille, prononcent un adieu éternel, et ne pardonnent jamais !... Dieu pardonne tout cependant, mais les hommes, rien !... Des intérêts nouveaux, d'autres affections le retiennent sans doute ; mais il faut donc que son aversion pour moi soit bien vive et bien forte, puisqu'elle a le pouvoir d'étouffer en lui jusqu'à cet amour que tout père éprouve pour son enfant, et tout exilé pour sa patrie !...

SCENE VII.
MARTINE, JULIE, PRÉVAL.

MARTINE. Madame, un monsieur, qui arrive à l'instant même de Paris, désire avoir l'honneur de vous parler.

JULIE. Son nom ?

MARTINE. Il ne veut le dire qu'à madame.

JULIE. Qu'est-ce que cela signifie ?... Faites entrer.

Martine sort.

SCENE VIII.
JULIE, PRÉVAL.

JULIE. Ah ! monsieur, si c'était lui !...

PRÉVAL. Qui ? M. le comte de Néris, madame ?

JULIE. Oui, je ne sais quel pressentiment... (*Apercevant M. Crépon.*) Non ! hélas ! non. J'étais déjà tout émue !

SCENE IX.
JULIE, CRÉPON, PRÉVAL.

JULIE. Monsieur, à qui ai-je l'honneur de parler ?

CRÉPON, *après avoir jeté les yeux autour de lui.* Madame !

JULIE. Pourquoi ce mystère, monsieur, et toutes ces précautions ?...

CRÉPON. Si madame la comtesse daigne excuser le plus humble de ses serviteurs, je solliciterai de ses bontés la faveur de l'entretenir sans témoin. L'affaire qui m'amène est pour elle de la dernière importance, et réclame le secret le plus profond.

JULIE. Vous pouvez, monsieur, vous expliquer avec toute sécurité. Monsieur possède toute ma confiance : M. Préval, conseiller à la cour de cassation.

CRÉPON. M. Préval, l'un des défenseurs les plus énergiques des libertés publiques ! Ah ! monsieur, j'ai eu plusieurs fois l'honneur de vous entendre chanter avec M. le doyen de la Faculté de droit, et avec un goût !... le tenor le plus agréable !... Ah ! monsieur le conseiller, vous m'avez fait un plaisir !...

PRÉVAL. Monsieur, madame attend que vous lui fassiez connaître l'objet de votre visite.

CRÉPON. Pardon ! c'est que la littérature, les arts, la musique, j'en suis fou ; c'est ma vie. Madame la comtesse, je suis avoué de première instance à Paris ; je me nomme Crépon, André Crépon, ou Crépon le jeune. Je suis l'auteur de la première pétition adressée à la Chambre des députés pour réclamer le rétablissement du divorce. Elle est du 29 juillet 1830. Vous n'ignorez pas, madame la comtesse, que cette loi, si impatiemment attendue par la grande majorité des Français, vient déjà d'être adoptée par la Chambre des députés ; et selon toute vraisemblance...

JULIE. Eh bien ! monsieur !

CRÉPON. C'est au nom, et comme fondé des pouvoirs spéciaux et les plus étendus de M. le comte de Néris, que je me présente.

JULIE, *à part.* Juste ciel !...

PRÉVAL, *à part.* Quel nouvel espoir !

CRÉPON. A peine M. de Néris eut-il appris, à New-York, que la proposition d'un très-honorable membre avait été prise en considération, qu'il s'est embarqué pour la France. Depuis huit jours il est à Paris. Sa première pensée a été pour son ancien conseil, pour l'ami dont les sages avis lui avaient déjà procuré les avantages d'une séparation amiable. Nous nous sommes rendus à l'Abbaye-aux-Bois ; et sur l'assurance qui nous a été donnée que la santé de mademoiselle votre fille devait vous retenir encore plus de six semaines au Mont-d'Or, nous nous sommes aussitôt décidés à entreprendre le voyage.

JULIE. Eh quoi! monsieur, M. de Néris est ici ?

CRÉPON. C'est ce que je n'ose encore vous assurer positivement, madame la comtesse; mais j'ai tout lieu de l'espérer. M. de Néris aurait désiré que je partisse avec lui; mais c'est déjà dans tous les ménages une joie universelle. L'entraînement est général d'un bout de la France à l'autre; chacun prend ses dispositions, et je suis consulté, appelé de tous nos départemens méridionaux; c'est là qu'on a le plus souffert, que le mal a fait le plus de ravages. J'étais demandé à Auxerre, par le principal de l'école primaire; à Nevers, par la femme du juge de paix; à Moulin, par un naturaliste; et à Clermont, par le géomètre en chef, l'entreposeur du *Journal des Connaissances utiles*, et par deux de mes confrères. Je me suis donc trouvé dans la nécessité de prendre les devans sur mon honorable ami. Le rendez-vous avait été fixé au 8 juin. Je suis l'exactitude et la ponctualité mêmes. Je descends de voiture, et pour lui prouver mon zèle, je n'ai rien eu de plus pressé que de m'acquitter d'une mission dont il avait réservé la première ouverture à ma diligence et à ma discrétion.

JULIE. Comment! monsieur, venir au Mont-d'Or! Un pareil éclat !..

CRÉPON. M. de Néris, madame, ne viendra pas sous son nom; il prendra celui de Wilson, officier américain. Et si vous voulez bien m'accorder quelques momens d'attention, je crois être en mesure de vous rassurer complètement sur ses intentions, et de vous rendre la sécurité la plus parfaite. Après quatorze ans d'une séparation volontaire, dont aucun rapprochement n'a troublé la douceur, vous ne pouvez être guidés que par le désir de contracter de nouveaux nœuds. M. de Néris est jeune encore, riche, plein d'avenir; vous, madame...

JULIE. De grâce, monsieur...

CRÉPON. Je ne flatte pas, je suis juste. Vous possédez l'un et l'autre tout ce qui peut garantir le bonheur dans le mariage; votre demande ne pourra donc être fondée que sur l'incompatibilité d'humeurs, sur un consentement mutuel; et c'est dans cet esprit de conciliation que j'ai l'ordre de préparer ma procédure. Maintenant, qu'il me soit permis d'émettre mon opinion sur le conseil, sur le directeur de M. de Néris, sans ostentation, mais sans fausse modestie. C'est moi, madame, c'est André Crépon. La plupart de mes confrères sont vaniteux, bavards, brouillons, indiscrets, sans urbanité, sans aucun usage du monde ni de la bonne compagnie. Grâce au ciel, je ne leur ressemble guère. La malignité se plaît à dire qu'avant la restauration je vivais de divorces; cela est vrai: mais j'en vivais honorablement, et ma grande fortune en est la preuve. Ainsi que nos plus célèbres médecins qui s'adonnent au traitement d'une seule maladie, j'ai voulu avoir ma spécialité; je traite et je guéris les maux du mariage. Toute mon étude, toute ma science s'est concentrée sur le titre 6 du code Napoléon, de l'article 229 à l'article 311 inclusivement. Je sais peu, mais je sais bien, je sais consciencieusement; et quand j'interprète, quand j'élude la loi, ce n'est jamais que dans l'intérêt de la morale et de la décence publique. J'ai le talent de regarder sans voir, d'écouter sans entendre; j'excuse toutes les faiblesses, j'épouse tous les intérêts, et sans faire de longues phrases, je vous avouerai fort ingénument que je ne connais pas de plus honnête, de plus galant homme que moi.

PRÉVAL, *à part.* Ah ça! mais... il croit plaider! (*Haut.*) Monsieur !...

CRÉPON. Et si j'ai l'habitude constante de réclamer de forts honoraires, c'est encore par amour du bien public; c'est par humanité; c'est dans le but d'éloigner et de décourager la classe pauvre. Avec moi, il en coûte cher, j'en conviens : mais l'on n'a jamais à craindre de retour ni de rapprochement !...

PRÉVAL. Monsieur !...

CRÉPON. Je ne dirai plus qu'un mot !...

PRÉVAL. Monsieur !... nous ne sommes point ici à l'audience !...

CRÉPON. Pardon !... personne mieux que moi ne saisit le moment de se retirer à propos... Je n'abuserai pas plus longtemps de votre patience... Si cependant madame la comtesse désirait quelques conseils, je ne puis malheureusement me mettre à ses ordres... mais j'ai mon frère aîné, Auguste Crépon, aussi honnête, plus honnête encore que moi, si cela est possible...

PRÉVAL. Monsieur l'avoué, je ne pense pas que madame...

CRÉPON. Mille excuses! monsieur le conseiller !.. Je vois que ses intérêts ne sont pas entre des mains ennemies !.. Elle est charmante !... Madame la comtesse, je vous prie d'agréer l'hommage de mes sentimens aussi dévoués que respectueux.

Il sort.

SCENE X.
JULIE , PRÉVAL.

JULIE. Eh bien! monsieur!... je faisais tomber le blâme sur moi seule!... je l'excusais... je pardonnais... je l'attendais!... Mais il le veut!... c'est bien lui qui le veut!... Eh bien! soit!... Maintenant, je le veux aussi!... Monsieur Préval, plus de doute ni d'incertitude. Je vais tout avouer à madame de Brécourt, et je pars pour Paris!... Oh! le malheureux!... le malheureux!...

Ils entrent à droite.

ACTE DEUXIÈME.

Même décoration.

SCENE PREMIERE.

CRÉPON , Mme DE CÉSANNE.

Crépon entre par la porte du fond; madame de Césanne par celle de droite.

Mme DE CÉSANNE. Ah! mon Dieu!

CRÉPON. Est-ce bien possible?

Mme DE CÉSANNE. Vous ici, monsieur? et depuis quand?

CRÉPON. J'arrive, ma belle dame!

Mme DE CÉSANNE. Et que venez-vous faire au Mont-d'Or? Vos maux d'estomac seraient-ils revenus? Seriez-vous dangereusement malade? Eh bien! tant mieux! c'est bien fait! c'est une juste punition de votre ingratitude! je ne veux plus vous voir; je ne veux plus vous parler; je vous hais, je vous déteste, je voudrais vous voir mort!

CRÉPON. Je suis très-sensiblement touché, ma digne et vertueuse cliente, de ce témoignage spontané de votre intérêt; je reconnais bien là cette charité, cette humanité qui vous est si familière!

Mme DE CÉSANNE. Moqueur! railleur! méchant personnage!

CRÉPON. Trève aux complimens, ma très-chère amie! et je vous en prie, ne plaisantons pas sur la santé. Sérieusement, est-ce que vous me trouvez changé?

Mme DE CÉSANNE. Non vraiment! est-ce qu'on change à quarante-cinq ans? en y regardant de bien près, peut-être s'apercevrait-on que la tête commence à légèrement grisonner. Mais cela adoucit les traits, et vous sied à ravir.

CRÉPON. C'est ce que je me fais répéter tous les matins. Rien ne rajeunit comme les cheveux blancs. Pour vous, sans compliment, ma belle cliente, je vous trouve encore plus de fraîcheur et d'éclat. Aussi ne vous demanderai-je pas le motif qui vous conduit aux eaux. Quelque intrigue bien secrète, n'est-il pas vrai? quelque grande passion!...

Mme DE CÉSANNE. Eh bien! pas du tout! Vous vous trompez complètement.

CRÉPON. Oh!

Mme DE CÉSANNE. Non! non!... si cela était, je vous le dirais!

CRÉPON. Je m'en doute bien!... avec la franchise qui vous caractérise...

Mme DE CÉSANNE. Voulez-vous bien vous taire, et quitter ma main! Imprudent! ma fille est ici avec moi!...

CRÉPON. Avec son mari! avec le général! A propos, n'est-ce pas bien mal à vous de marier votre fille, et de ne m'avoir pas seulement envoyé un billet de part?

Mme DE CÉSANNE. Mais, mon cher maître, le mariage a manqué! Isaure est encore à marier! Et n'est-ce pas moi, au contraire, qui ai de justes reproches à vous faire d'avoir établi votre fille à mon insu?

CRÉPON. Eh! non! votre histoire est absolument la mienne, et cette pauvre Ursule est encore demoiselle!

Mme DE CÉSANNE. En vérité! C'était cependant un parti...

CRÉPON. Magnifique! un jeune homme charmant! à la tête de la littérature moderne!... doué d'une fécondité, d'une imagination!... il était auteur de deux chemins de fer, de trois bateaux à vapeur, et de quatre journaux!... Ah! que n'ai-je un fils au lieu d'une fille! je vous aurais demandé pour lui la main de votre chère Isaure.

Mme DE CÉSANNE. Avec quelle sécurité je vous l'aurais donnée! vous êtes si bon père!

CRÉPON. Et vous si bonne mère! des deux côtés, mêmes avantages...

Mme DE CÉSANNE. Fortune...

CRÉPON. Considération!.... Mais enfin puisque la Providence n'a pas voulu que les choses fussent ainsi, je vous dirai en confidence que je suis sur le point de procurer à ma fille un établissement qui passe toutes mes espérances!

Mme DE CÉSANNE. Vraiment! eh bien! je vous confierai sous le sceau du plus profond secret que j'ai la certitude d'assurer le sort de la mienne de la manière la plus brillante.... et pour cela vous pourrez m'être utile !

CRÉPON. Et peut-être réclamerai-je moi-même vos services... De quoi est-il question ?

Mme DE CÉSANNE. Dans quelques heures, je vous ferai ma confidence tout entière... Je suis attendue chez la marquise de Bré-court ; dès que je serai libre, je vous donne tout le reste de ma journée. Vous ne connaissez personne ici ?

CRÉPON. Personne que je sache encore... un ancien ami peut-être.... Wilson , un Américain.

Mme DE CÉSANNE. Eh bien ! je vous servirai d'introducteur, je vous présenterai à toutes ces dames !..

CRÉPON. Quelle heureuse rencontre ! quelle fête ! quelle nouvelle source de plaisirs !.. Je veux être de toutes vos promenades, de toutes vos parties !.. Joue-t-on un jeu d'enfer ? Tirez-vous des feux d'artifice ? Chassez-vous le sanglier ? Avez-vous organisé une troupe de comédie ? je remplirai les comiques ; je m'en acquitte à ravir... Oh ! la comédie, je l'aime de passion... j'en fais, ma fille en fait... elle joue les ingénues à l'hôtel Castellane et compose des romans... nous sommes fous des arts et des artistes !.. Je dînais chez Talma, et La Blache est mon ami... Je suis l'avoué de toutes ces dames de l'Opéra ; j'ai mes entrées au balcon ; je les applaudis ; et peut-être un jour serai-je membre du conseil judiciaire de la Comédie-Française.

Mme DE CÉSANNE. Eh bien ! ce soir même, nous avons bal et grand concert... je chante avec Isaure, vous nous applaudirez !

CRÉPON. Je veux, d'ici là, vous monter la plus jolie cabale !.. Ah ! que n'ai-je mon étude au Mont-d'Or !.. Voulez-vous une couronne ? c'est moi qui improvise les couronnes au théâtre Italien... A merveille ! nous formerons une ligue offensive et défensive ; ce sera entre nous une assurance mutuelle contre la méchanceté et la calomnie... A qui en voulez-vous ? quelle rivale voulez-vous immoler ? quel mariage vous plaît-il de faire manquer ?.. me voilà, vous n'avez qu'un mot à dire !

Mme DE CÉSANNE. Nous concerterons tout cela pendant notre promenade.

CRÉPON. Où me conduirez-vous ? je veux tout voir, tout explorer.

Mme DE CÉSANNE. Malheureusement, je m'en souviens, de votre vie vous n'avez pu vous déterminer à monter à cheval.

CRÉPON. Oui, avant la révolution ; mais depuis 1830 !.. je suis chef de bataillon de la garde nationale !

Mme DE CÉSANNE. Vous ?

CRÉPON. J'ai toujours ma maison de campagne à Villejuif, et la commune a voulu se voir commander par moi.

Mme DE CÉSANNE. Vous, chef de bataillon !

CRÉPON. J'avais obligé tant de maris dans la circonscription, et il y a de si bonnes têtes dans la milice citoyenne ! force a bien été de monter à cheval ; mais de quoi l'ambition ne rend-elle pas capable !.. l'équitation est maintenant mon exercice favori ; c'est une passion ! une fureur ! c'est à cheval que je vais à l'audience... je tire l'épée, je tire le pistolet ; Grisier est mon maître d'armes. Le duel est si répandu ! je fais trembler tous mes confrères !... Ah ! quelle calamité que la France n'ait pas eu la guerre ! comme en 92, j'aurais volé le premier au secours de la patrie en danger ; j'aurais franchi le Rhin !.. Et qui sait ? peut-être avais-je aussi le bâton de maréchal de France dans les fontes de ma selle !... Le vainqueur de Hohenlinden , Moreau a commencé comme moi ; Moreau était procureur !

Mme DE CÉSANNE. Mais est-ce bien vous qui parlez ainsi ?

CRÉPON. Que voulez-vous ? l'ardeur française a été trop long-temps enchaînée. La liberté ne nous suffit pas ; il nous faut de la gloire ; il m'en faut à moi, et j'aurai la croix d'honneur !.. Vous me verrez, vous me verrez en uniforme... j'ai mon uniforme avec moi ; je l'ai toujours avec moi mon uniforme... Ainsi, ma chère madame de Césanne, je suis ici votre écuyer, votre défenseur, votre vengeur ; il n'y a pas de péril qui puisse m'intimider ; je veux gravir avec vous la cime du Pic-Sancy, sonder la profondeur du lac Pavin, m'asseoir sur les cendres des volcans éteints ; et puissé-je être assez favorisé du ciel pour vous voir rouler au fond de quelque précipice, ou entraîner par quelque torrent, afin de m'élancer après vous et de jouir du bonheur et de la gloire de vous ramener triomphant au rivage !

Mme DE CÉSANNE. Bien obligée... mais quelle gaîté, quelle verve et quelle volubilité, mon cher maître !

CRÉPON. C'est le plaisir de vous revoir !.. Le barreau est charmant *extra muros !* En voyage, à la campagne, il faut de l'extraordinaire, de l'esprit, du trait, des saillies ; l'on sort de toutes ses habitudes !.. A quel endroit, à quelle heure le rendez-vous ?

Mme DE CÉSANNE. Ici même ; à deux heures, je viendrai vous prendre.

CRÉPON. Je vous attendrai.

Mme DE CÉSANNE. Sans adieu ! sans adieu !..

SCENE II.
CRÉPON, *seul*.

Elle est vraiment très-bien, cette femme-là !.. Ma foi... ma fille n'est pas ici !..

SCENE III.
CRÉPON, NÉRIS.

NÉRIS. Ah ! vous voilà ! vous voilà donc enfin, mon cher monsieur Crépon ! vous ne faites que de descendre de voiture, m'a-t-on dit, et j'en suis enchanté... Ah ! mon ami, quel événement! quelle joie !... mais quelles horribles souffrances !..

CRÉPON. Eh ! mon Dieu ! mon Dieu !.. quel trouble et quelle agitation !.. qu'est-ce donc, et que vous est-il arrivé?

NÉRIS. Depuis quinze ans, nous avons vu bien des changemens et bien des révolutions ; mais jamais... non, jamais il ne s'en est opéré de plus imprévue et de plus incroyable que celle dont mes yeux sont depuis hier au soir les témoins !.. Mme de Néris !.. ma femme !..

CRÉPON. Eh bien !

NÉRIS. Ma femme est charmante ! ma femme est adorable !..

CRÉPON. Miséricorde !

NÉRIS. Je suis amoureux, jaloux, furieux !... le plus heureux peut-être ou le plus misérable des hommes !

CRÉPON. Ah çà ! mais, colonel, avez-vous perdu la tète?...

NÉRIS. Ecoutez-moi ! écoutez, je vous prie !..

CRÉPON. J'écoute.

NÉRIS. Hier...

CRÉPON. Pardon... une seule question. Comment avez-vous laissé ma fille, ma chère Ursule ?

NÉRIS. Encore plus belle et plus aimable, s'il était possible.

CRÉPON. A merveille !

NÉRIS. Hier au soir, après m'être assuré que vous n'étiez pas encore arrivé, j'entre au cabinet de lecture... j'avais parcouru tous les journaux, et, ne sachant plus que faire, j'allais me retirer chez moi, lorsqu'un monsieur, témoin de ma solitude et de mon désœuvrement, a la bonté de m'indiquer le lieu de la réunion, et, s'échauffant sur les plaisirs et les charmes de la musique, me parle avec une chaleur et une admiration toujours croissante du talent d'une dame qui surpasse tout ce qu'on a jamais entendu. Jugez de ma surprise, il nomme Mme de Néris...

CRÉPON. Ah ! bah !

NÉRIS. Je me laisse aussitôt entraîner ; et, m'excusant sur ma toilette de voyage, je vais m'établir dans un endroit retiré d'où je pouvais tout voir sans être remarqué... Mes yeux se promènent sur l'assemblée, et s'arrêtent sur une femme qui déjà occupait tous les regards... je doute, je crois rêver ; mais enfin il faut bien se rendre à l'évidence... c'est elle !.. c'est ma femme !.. mais ce n'est plus cette petite fille au maintien gauche et emprunté, chagrine, mécontente d'elle-même et des autres ; c'est une femme dans tout l'éclat de la beauté, simple, calme imposante... tous ses mouvemens respirent l'aisance, la grâce, une certaine liberté remplie de décence et de modestie. A sa droite, est une dame d'un âge avancé, dont la physionomie annonce l'indulgence et la bonté ; et près de cette dame, une jeune personne qu'elle semble couvrir de sa tendresse et de sa protection ; cette enfant a la plus jolie tête, le regard le plus touchant !.. Ah ! si c'était ma fille, me disais-je en la contemplant avec amour. J'interroge, et mon instinct ne m'a pas trompé... c'est Elise, c'est ma fille !.. Ah ! il faut être père pour concevoir toute ma joie... la concevez-vous bien, mon ami ?

CRÉPON. Si je la conçois?.. parbleu !.. mais vous permettrez...

NÉRIS. Oh ! attendez, attendez... j'étais réservé à bien d'autres épreuves ! Juliette lève ; Elise la suit, et vient prendre place au piano à côté de sa mère ; un silence profond règne dans toute l'assemblée ; un froid mortel court dans mes veines ; mais que ce moment d'angoisse et d'anxiété est de courte durée !.. Quelles voix ! quels chants purs et harmonieux ! chacun de leurs accens m'allait au cœur, y répandait un trouble inconnu, je ne sais quel attendrissement mêlé de charme et de douleur ! et cependant que de murmures flatteurs ! que de cris d'admiration ! quel enthousiasme ! Vous figurez-vous alors mon orgueil ? Leur triomphe est le mien ; je ne vois plus, je n'entends plus, je ne me connais plus, je donne moi-même l'impulsion ; j'encourage, je ranime chacun du geste et de la voix.

CRÉPON. Et si l'on vous avait reconnu !.. si l'on vous avait nommé !..

NÉRIS. C'était plus fort que moi... j'aurais défié l'univers entier !

CRÉPON. Et vos projets, imprudent que vous êtes !

NÉRIS. Je les avais oubliés !.. mais hélas ! je ne suis que trop tôt rappelé à ce cruel souvenir !.. A peine Julie s'est-elle assise, qu'un homme vient à elle. C'était précisément cet amateur de musique, cet enthousiaste qui m'avait amené.

CRÉPON. Ah ! ah !..

NÉRIS. Julie lui présente la main : il la serre affectueusement.

CRÉPON. Bien ! très-bien !

NÉRIS. Une sorte de familiarité, d'intimité, s'établit entre eux ; ils parlent bas ; un sourire moqueur se peint sur leurs lèvres... Ne me suis-je pas imaginé que Julie m'avait aperçu !.. que j'étais l'objet de leur gaîté et de leurs railleries !

CRÉPON. Eh mais !..

NÉRIS. Qu'ils se faisaient une joie maligne de mon dépit et de ma confusion !

CRÉPON. La chose ne serait pas moralement impossible !

NÉRIS. Non, non ! car si j'en avais eu la certitude, l'insolent l'eût payé de sa vie !.. L'heure du départ est venue ; chacun se lève, et Julie prend son bras... Préval, il se nomme Préval, semblait tout glorieux de cette marque de préférence !.. Que lui est-il ? disait l'un. Est-ce son frère ? Est-ce son mari ? Oh ! qu'il est heureux ! Son mari ? elle est veuve ! C'est son amant, répond une voix de femme qui glisse et se perd aussitôt dans la foule.

CRÉPON. Son amant !

NÉRIS. Oh ! je l'ai bien entendu !.. son amant !..

CRÉPON. Je ne dis parbleu pas le contraire !..

NÉRIS. Je demeure immobile, anéanti, écrasé sous le poids de ma rage et de ma fureur ! Réveillé malgré moi, je fuis, je m'élance, je gravis la montagne, sans suivre de route déterminée ; je cours, j'erre d'un rocher à un autre. Enfin le jour paraît... mes sens se calment... et un torrent de pleurs vient inonder mes yeux !.. Quelle détestable lâcheté !..

CRÉPON, à part. Quel esprit romanesque !..

NÉRIS. Je traverse la vallée, et je viens machinalement à la porte de cet hôtel... je remarque les apprêts d'une promenade ; Elise est sans sa mère ; le désir de l'accompagner m'entraîne sur ses pas... je la suis d'abord d'assez loin... insensiblement je me rapproche... la conversation s'engage... un passage difficile se présente ; j'offre mes services, et me voilà son guide. Pendant deux heures entières, mon ami, je ne l'ai pas quittée... Que de candeur, que d'instruction, que de modestie !.. Oh ! que je me sentais bien !.. qu'il eût été doux de me nommer, de la serrer contre mon cœur !.. mais, si cette enfant a été élevée dans la haine de son père !.. être haï, rejeté par sa fille !.. ce serait à en mourir de désespoir !..

CRÉPON, à part. Oh ! si le sentiment vient traverser la procédure...

NÉRIS. Mais après tout ce que j'ai souffert, c'est une consolation pour moi, mon ami, de vous avoir devancé, d'avoir la certitude que, grâce à votre discrétion, Mme de Néris peut ignorer à jamais le dessein qui m'avait amené ; car, sans y avoir renoncé, je suis du moins bien déterminé à n'y donner suite qu'après de nouvelles et de plus mûres réflexions.

CRÉPON. O fragilité et inconstance des volontés humaines !.. Me direz-vous quel mauvais génie, ennemi de votre repos et de votre honneur, vous a soufflé ses funestes inspirations ?.. Et que seriez-vous devenu, si la Providence, dont la sagesse éternelle veille incessamment sur sa faible créature, n'eût trompé votre espoir, et assuré votre salut en dépit de vous-même !

NÉRIS. Eh quoi !

CRÉPON. Vous vous réjouissez de mon inaction ?.. oui, réjouissez-vous en effet ; mais de mon zèle, de mon empressement ! réjouissez-vous ! car, quelques heures plus tard, votre ruine était consommée !.. Il n'y a plus à délibérer : le sort en est jeté, mon cher colonel, et César a passé le Rubicon ! J'ai vu Mme de Néris, et ma mission est remplie !

NÉRIS. Ah ! grand Dieu ! je suis perdu !.. Comment !.. à peine arrivé... sans nous être concertés de nouveau !.. mais savez-vous bien ?..

CRÉPON. Ah ! je vous en conjure, mon cher maître, point de chaleur ni d'emportement... vous me paraissez encore bien jeune, et furieusement impressionnable.

NÉRIS. Mais voyons, voyons au moins... comment a-t-elle reçu cette communication ?

CRÉPON. Bien ! très-bien ! cela se reçoit toujours admirablement bien.

NÉRIS. Mais encore, qu'a-t-elle dit ? qu'a-t-elle répondu ?

CRÉPON. Pas un mot.

NÉRIS. Eh quoi !..

CRÉPON. Pas un seul ! elle n'a pas proféré une syllabe !.. et c'est par là que j'ai conçu la plus haute idée de sa politique. Ah ! diable ! c'est une femme de tête, une femme habile !

NÉRIS. Mais, mon cher monsieur Crépon, vous me mettez au supplice !.. dites-moi, de grâce !

CRÉPON. Je me fais annoncer, j'attends... j'attends long-temps ; l'on n'était pas seule.

NÉRIS. Comment !

CRÉPON. L'on avait eu la précaution d'envoyer sa fille à la promenade, comme vous le savez très-bien, respirer l'air si frais et si pur des montagnes !... j'insiste ; j'entre enfin, et j'aperçois avec madame, en tête-à-tête...

NÉRIS. Qui ?

CRÉPON. Votre mélomane ! votre enthousiaste ! celui-là même à qui vous êtes redevable de cette délicieuse soirée, de ces douces émotions dont la peinture a réveillé toutes les cordes sensibles qui sont en moi.

NÉRIS. Eh bien ! que voulez-vous dire ? et que supposez-vous ?

CRÉPON. Je n'ai pas une mauvaise pensée ! Dieu m'en garde ! pour Dieu, n'interprétez pas mes paroles, et ne me faites pas dire ce que je n'ai pas dit !..

SCENE IV.

Les Mêmes, MARTINE.

MARTINE M. Préval demande s'il peut avoir l'honneur d'entretenir M. Crépon, de la part de Mme de Néris.

NÉRIS. A l'instant même !.. tout de suite, mademoiselle ! avec le plus grand plaisir !.. Allez ! allez !

MARTINE, *en sortant.* Ah ! mon Dieu ! comme il est vif, ce monsieur !..

SCENE V.

NÉRIS, CREPON, PRÉVAL.

CRÉPON. Mon cher maître, dans les affaires, le calme et le sang-froid sont indispensables.

NÉRIS. Soyez parfaitement tranquille.

PRÉVAL, *à Crépon.* J'espérais vous trouver seul, monsieur ?

CRÉPON. M. de Néris...

PRÉVAL. M. de Néris !.. (*A part.*) Quelle méprise !

NÉRIS. Veuillez, je vous prie, monsieur, me faire connaître les intentions de Mme de Néris.

PRÉVAL. Colonel, Mme de Néris n'attend pas avec moins d'impatience que vous le moment qui lui rendra une complète liberté... je vous demande pardon de m'exprimer aussi franchement...

NÉRIS. Comment donc, monsieur ! n'ayez aucune gêne, aucun scrupule, je vous en conjure !

CRÉPON. Il y a plaisir à être ainsi contens les uns des autres !.. on aime cette harmonie, cette bienveillance réciproque.

PRÉVAL. Cependant, colonel, un événement tout-à-fait imprévu viendra peut-être apporter quelque retard à l'accomplissement de vos vœux.... Ce matin même, Mlle Elise, votre fille, monsieur, a été demandée en mariage... Le jeune duc de Theyal ambitionne l'honneur d'obtenir sa main.

NÉRIS. Le duc de Theyal ! j'ai beaucoup connu sa famille. (*A Crépon.*) C'est un parti superbe !

CRÉPON. Oh ! oh ! vous trouvez ?.. Ancienne noblesse !..

NÉRIS, *à Préval.* Eh quoi ! monsieur, il nous serait permis d'espérer une alliance aussi flatteuse ?

CRÉPON, *à part.* Elles ont toutes l'art de marier leurs filles !

PRÉVAL. Mais, vous devez sentir, monsieur, qu'une confidence sur vos sentimens mutuels et sur vos projets pourrait produire un obstacle insurmontable.... et comme il vous serait de toute impossibilité, après tant de débats, de vous retrouver en présence l'un de l'autre, voici le moyen que j'ai imaginé pour concilier toutes les convenances et tous les intérêts.

NÉRIS. Voyons, monsieur, voyons !

PRÉVAL. Vous êtes ici sous un nom étranger ; Mme de Néris, en ce moment encore, passe pour veuve aux yeux de Mme de Brécourt.

NÉRIS. Pour veuve, monsieur !

CRÉPON, *à part.* Pas mal !.. j'en connais une qui prit le deuil !..

PRÉVAL. Mme de Néris a l'honneur de vous proposer, colonel, de repartir à l'instant pour Paris, et de quitter la France pour quelques mois seulement. Aussitôt votre départ, nous nous empressons de révéler votre existence, et, pour justifier votre éloignement, nous donnons pour prétexte que des affaires d'intérêt vous retiennent encore aux Etats-Unis.

CRÉPON, *à part.* Il est impossible de mettre les gens à la porte avec une politesse plus exquise !..

PRÉVAL. Si cette proposition obtient votre agrément...

NÉRIS. J'entends, monsieur le conseiller ! l'on pense m'éloigner comme on fait disparaître un mauvais sujet !.. un père dont on rougit !..

PRÉVAL. Ah! monsieur, quelle supposition!

NÉRIS. Dites-moi, monsieur, me prenez-vous pour un libertin, un joueur?... Pense-t-on que je me prêterai à cette indigne comédie?...

CRÉPON. Oh! mais, c'est aussi prendre les choses!...

NÉRIS. C'est assez!... Avant tout, je veux voir ma fille; je veux voir ma femme, monsieur, et je veux que ce soit à l'instant même.

PRÉVAL. Songez-vous, monsieur, que cette enfant ignore même votre existence!

NÉRIS. J'en ai vraiment grande obligation à la mère!

PRÉVAL. Son père, monsieur, ne pouvait-il se faire connaître?

NÉRIS. Je vous prie, monsieur, de vouloir bien me faire la grâce d'exprimer mon désir à Mme de Néris. Elle n'est pas loin, sans doute... et ne tardera pas à paraître... Je vous laisse. M. Crépon va me suivre dans la pièce voisine, et au premier avis nous rentrons.

PRÉVAL. En vérité, colonel, j'ai bien peu d'espérance!...

NÉRIS. J'ai beaucoup plus de confiance que vous!

PRÉVAL. Dès que vous insistez... je vais faire tous mes efforts!

NÉRIS. Je vous en aurai, monsieur, une grande obligation!...

CRÉPON, *à part.* Le mari! l'amant! c'est très-joli! c'est très-gai!... J'enverrai deux lignes à la *Gazette des Tribunaux.*

SCENE VI.
CRÉPON, PRÉVAL.

CRÉPON, *à voix basse.* Courage! monsieur le conseiller! Vous voulez épouser! C'est bien! très-bien!... C'est moral!

PRÉVAL. Eh quoi! monsieur!... Que signifie...?

CRÉPON. Faites!... Vous avez vos vues, j'ai les miennes. Le bonheur de ma fille en dépend! Comptez sur moi! Je compte sur vous! A bon entendeur, salut!... Je vous offre le mien de tout mon cœur!... (*A part.*) Allons! allons! l'action s'engage!
Il entre à gauche.

SCENE VII.
PRÉVAL, *seul.*

Que veut-il dire? le bonheur de sa fille en dépend? Aurait-il une fille à marier, et M. de Néris songerait-il...? Oh! s'il était vrai!...

SCENE VIII.
PRÉVAL, JULIE.

JULIE. Eh bien! monsieur, qu'a-t-il résolu? se dispose-t-il à partir?

PRÉVAL. M. de Néris, madame, veut avoir un entretien avec sa fille.

JULIE. Un entretien! et que lui dira-t-il? quel est son dessein? Il ne la verra pas. Non, non, je ne veux pas. Que ne demande-t-il aussi à me voir!

PRÉVAL. Mais il l'a demandé, madame.

JULIE. Et vous ne me le disiez pas!

PRÉVAL. Connaissant vos dispositions, votre répugnance invincible pour toute feinte de rapprochement, j'ai cru aller au-devant de vos désirs en assurant M. de Néris que sa demande ne pouvait être accueillie.

JULIE. Sans doute. Vous avez très-prudemment agi. Avez-vous appris, monsieur, depuis quand M. de Néris est au Mont-d'Or? Depuis ce matin seulement?

PRÉVAL. Depuis hier, madame.

JULIE. Depuis hier?

PRÉVAL. Oui, madame. Hier au soir, j'ai eu l'occasion de conduire un étranger à la salle de concert, et cet étranger était M. le comte de Néris.

JULIE. Il a donc été témoin de mes succès... je veux dire des succès de ma fille... Pardon, ma tête est si troublée!... Mais le temps presse; il faut prendre un parti; il faut que je donne réponse à Mme de Brécourt. J'ai cédé à vos instances en suspendant mon départ; mais tout cela me gêne, m'inquiète; et si, pour sortir d'une situation aussi fausse... si, pour aplanir de nouvelles difficultés... Les parens ont des devoirs à remplir envers leurs enfans!... Si, dans l'intérêt d'Elise, il me fallait absolument...

PRÉVAL. Eh quoi! madame, vous consentez à voir M. de Néris?

JULIE. Je n'ai pas consenti; mais, monsieur, après tout, y trouveriez-vous un si grand inconvénient? Avez-vous quelque nouveau motif?..

PRÉVAL. Madame, je n'affirme rien. Mais quelques paroles échappées à l'instant même à M. Crépon donneraient à penser que son intervention n'est pas tout-à-fait désintéressée. M. Crépon, madame, a une fille à marier.

JULIE. Jeune, jolie? Vous ne répondez pas, monsieur?

PRÉVAL. Je l'ignore, madame.

JULIE. Et M. Crépon vous a dit que M. de Néris songeait déjà à sa fille? car ce ne peut être M. de Néris. M. de Néris n'a pas dit cela?

PRÉVAL. Non, madame, non. Mais M. Crépon me l'a fait entendre très-clairement; il savait que j'allais vous voir, et ce ne pouvait être pour que je vous en fisse un mystère.

JULIE. Eh! monsieur, à quoi bon? cela était-il nécessaire? ne savais-je pas que M. de Néris aspirait au bonheur de contracter de nouveaux nœuds? M. Crépon, ce matin même, ne me l'a-t-il pas dit? Ont-ils donc la crainte que ma résolution nè soit mal affermie? Mais il fallait le convaincre que mon empressement était égal au sien! Ah! monsieur Préval, quelle indifférence! vous qui avez quelque amitié, quelque estime pour moi, comment n'avez-vous pas pris la défense de mon orgueil blessé? Oh! en vérité, c'est mal, c'est bien mal à vous!

PRÉVAL. Ma foi, madame, M. de Néris est un homme fort insouciant et fort gai, autant que j'en ai pu juger; traitant les affaires les plus sérieuses avec un ton tout-à-fait leste et dégagé. J'ai trouvé en lui un fonds de bonne humeur, un contentement de lui-même, qu'il serait fort difficile de troubler; et je crains bien que son amour-propre ne soit à l'abri de toute atteinte.

JULIE. Eh bien donc! s'il ne tient qu'à lui montrer tout mon dédain et mon mépris... Où est-il, monsieur? où est-il?

PRÉVAL, montrant l'appartement de gauche. Mais, madame, il est là.

JULIE. Comment! là? dans ce petit salon?

PRÉVAL. Oui, madame. Il attend votre réponse.

JULIE. Il attend!... Et vous me dites cela avec une tranquillité!... Mais, monsieur, il a pu nous entendre!

PRÉVAL. Eh! madame, quand il vous aurait entendue!...

JULIE. Il est des bienséances qu'une femme doit respecter!... Je conçois que vous ayez cédé à un premier mouvement, puisque moi-même je n'ai pu y résister. Mais M. de Néris demande à voir sa fille!... Ce désir est naturel, honorable!... avec la meilleure volonté, il n'est pas possible de tout blâmer. Il ne faut pas non plus se montrer par trop injuste!...

PRÉVAL. Mais, madame!...

JULIE. Si, si, monsieur!... Il y avait assurément une mesure à observer!... Cela devait arriver!... tous les hommes manquent d'un certain tact... Je n'aurais pas fait mieux : ce n'est pas là ce que je veux

dire... mais il est très-certain que j'aurais fait autrement!... On se modère à propos, on prend de l'empire sur soi-même, l'on y met de l'adresse, et surtout l'on se garde bien de dire aux gens tout ce qu'on pense!.. Mais pour cela il faut avoir du sang-froid! il faut savoir se posséder!... Il faut être soi! il faut être femme!...

PRÉVAL. Plus bas! madame! plus bas!.. M. de Néris est là!...

JULIE. Vous me l'avez dit, monsieur! je le sais, je le sais maintenant!

SCENE IX.
PRÉVAL, JULIE, ELISE.

ÉLISE, entrant de l'appartement de droite. Chère maman! ma bonne mère! que viens-je d'apprendre! Est-ce bien possible! M. le duc de Theyal vient de m'avouer... en présence de madame de Brécourt... Mais qu'ai-je à te dire? Tu sais tout. C'est Mme la marquise qui m'envoie. Elle m'a paru dans une si vive impatience de connaître ta réponse, que je suis accourue. Oh! chère maman, quelle a dû être ta joie! un si beau mariage! Oh! que tu as dû être heureuse!

JULIE. Elise, ma chère enfant, tu aimes donc M. de Theyal?

ÉLISE. Ma mère, M. de Theyal vient de m'assurer de son amour avec un tel accent de vérité et de persuasion... que si j'avais la certitude de pouvoir le rendre heureux... Tu souris!... Eh bien! jusqu'à ce jour, je ne t'ai déguisé aucune de mes pensées... Pourquoi serais-je moins sincère, lorsque je sens que désormais mon bonheur ne peut plus dépendre que de lui!...

JULIE, à Préval. Monsieur, vous l'avez entendue!... Mon devoir est tracé. Ma fille, il faut que vous sachiez enfin un secret que je n'ai pas dû vous confier plus tôt. Vous ne dépendez pas de moi seule, Elise.

ÉLISE. Eh quoi!...

JULIE. Votre père existe encore.

ÉLISE. Mon père vit encore!... Et tu me l'as caché!... Ah! ma mère, ma mère!.... de quel bonheur tu m'as privée!...

JULIE, à part. Quel reproche!...

ÉLISE. Mais où mon père est-il? que fait-il? qu'est-il devenu? Comment ne s'est-il pas fait connaître? comment n'est-il pas là, près de toi? Quel motif...?

JULIE. Ma fille, il est des secrets de famille qu'un enfant ne doit pas chercher à pénétrer ; il en est qu'une mère ne doit point révéler. Tous les mariages, Élise, ne sont pas heureux ; tous les parens ne consultent pas leur fille, ne suivent pas son inclination. Tu n'attends pas de moi que je prononce un seul mot contre ton père, contre celui que tu dois aimer et respecter ? Je ne doute pas qu'il n'imite ma réserve. Il est ici, il veut te voir. Il attend que je t'aie prévenue de son retour. M. Préval va te présenter à lui, mon enfant.

ÉLISE. M. Préval !... Eh quoi ?... tu ne seras pas là !... ce n'est pas toi qui présenteras ta fille ? ce n'est pas devant toi que je dirai tous tes soins, toute ta tendresse pour moi ?... Oh !...

JULIE. Ma fille, je vous ai dit qu'il est des secrets qu'un enfant doit ignorer. Votre père, Élise, peut assurer votre bonheur ; tout dépend de lui. Demandez-lui son consentement, avec instances, avec soumission ! (A part.) Pourquoi tremblé-je ainsi ?... Ah ! voilà le moment que j'ai toujours redouté ! (Haut.) Adieu, ma fille, je vous attendrai. Monsieur Préval, je vous la confie. Vous ne la quitterez pas ! Vous me la ramènerez !... Vous me le promettez ?

PRÉVAL. Comptez, madame, sur tout mon dévouement !

JULIE. Élise, ne dis rien qui puisse blesser ton père !... Aucune question indiscrète !... Entends-tu bien ?...

ÉLISE. Oui, oui, maman !...

JULIE. Adieu, adieu, mon enfant ! (Revenant sur ses pas.) Élise, tu aimes ta mère, n'est-ce pas ?...

ÉLISE. Oh !

JULIE. De toute ton ame ?...

ÉLISE. Plus que je ne saurais dire !...

Julie entre à droite.

SCENE X.
PRÉVAL , ÉLISE.

ÉLISE , *arrêtant Préval qui se dirige vers l'appartement de gauche.* Monsieur !... vous n'avez accepté dans tout ceci qu'un rôle de médiateur, de conciliateur ! Votre caractère m'en est un sûr garant. Je ne crains donc pas de vous dire toute ma pensée. J'aime M. de Theyal ; ce mariage comblerait tous mes vœux ! mais, dès ce moment, je n'ai plus qu'un désir, qu'un but ; c'est de réunir mon père et ma mère : et je compte sur vous pour y parvenir !...

PRÉVAL. Mademoiselle...

ÉLISE. J'y compte, monsieur !... Allez ! allez ! de grâce...

SCENE XI.
NÉRIS, CRÉPON, PRÉVAL, ÉLISE.

ÉLISE, *à part.* J'éprouve, malgré moi, une émotion.... de plaisir et de crainte.... Oh ! mon Dieu ! c'est ce monsieur qui ce matin...

NÉRIS, *à part.* Seule , sans ma mère !

CRÉPON, *à part.* Bon ! la femme n'y est pas ! M. le conseiller n'est pas maladroit !

NÉRIS , *à Préval.* Eh quoi ! monsieur, Mme de Néris n'a pas daigné ?..

PRÉVAL. Je vous avais fait pressentir sa réponse , colonel. Une entrevue , en présence de cette enfant, ne pouvait que causer une gêne mutuelle. Madame de Néris m'a chargé d'être son interprète.

NÉRIS. Fort bien ! mais vous jugerez sans doute aussi, monsieur, qu'un étranger ne peut apporter que de la gêne dans la première entrevue d'un père avec sa fille...

PRÉVAL. Madame de Néris m'a fait promettre... Vous voyez l'embarras de mademoiselle ?..

ÉLISE , *vivement.* Non, monsieur , non, je n'éprouve, je vous assure, aucun embarras.

PRÉVAL. Je cède à vos désirs, monsieur ; mais vous aurez sans aucun doute la même discrétion que Mme de Néris. Aucun mot...

NÉRIS. Monsieur !

ÉLISE. Monsieur Préval, vous m'obligerez, dites à ma mère que je l'ai voulu ; mais dites-lui bien que je ne tarderai pas à la rejoindre !

Préval sort.

CRÉPON. Charmante personne ! Un tact ! une délicatesse !

ÉLISE, *à Crépon.* Monsieur...

CRÉPON. Mademoiselle...

ÉLISE. Vous l'avez entendu... tout étranger... ne peut causer que de la gêne...

CRÉPON. Je comprends... parfaitement, parfaitement, mademoiselle. Il n'est jamais nécessaire de me dire les choses deux fois ; je saisis à demi-mot. J'ai bien l'honneur de vous saluer ! (A part.) On n'est pas mieux élevée !

Il entre à gauche.

SCENE XII.
NÉRIS , ÉLISE.

NÉRIS, *à part.* Être méconnu de sa fille ! Ah ! je n'ai de reproche à faire qu'à moi-même ! et l'incertitude de cette enfant n'est que mon juste châtiment !

ÉLISE. Mon père !

NÉRIS. Ma fille !

ÉLISE. Permettez que je vous embrasse !

NÉRIS. Viens ! ah ! viens, mon enfant !.. Élise, vous m'avez délivré d'un tourment affreux. Je le vois, votre mère vous a prévenue contre moi !

ÉLISE. Oh monsieur !

NÉRIS. Ma fille, vous m'appelez monsieur !

ÉLISE. Mon père ! mon père ! je vous jure que ma mère ne m'a fait que votre éloge. Mon père, ayez confiance en moi. Oh ! que je serais heureuse si mes paroles avaient sur vous la puissance que je voudrais leur donner !

NÉRIS, *à part.* Allons, elle n'a point élevé sa fille dans la haine de son père !... c'est bien ! c'est bien ! (*Haut.*) Ma fille, j'aurai toute confiance en vous, je vous le promets.

ÉLISE. Merci ! que vous êtes bon ! Dites-moi, ce matin, pendant notre promenade, saviez-vous qui j'étais ?...

NÉRIS. Oui, mon enfant !

ÉLISE. C'est donc cela que votre regard annonçait tant de bienveillance ! que votre voix était si tendre et si touchante !

NÉRIS. Ma fille, j'ai de grands torts envers vous.

ÉLISE. Mon père !

NÉRIS. J'ai de grands torts ; je veux vous le dire. Mais je ne vous avais pas vue, Élise, si gracieuse, si jolie !... J'ignorais tous les talens que vous avez ! hier au soir, Élise, j'en ai été témoin ! vous jugez avec quel sentiment de joie et d'orgueil !..

ÉLISE. Eh quoi ! vous avez entendu ma mère ?

NÉRIS. Oui, ma fille, j'ai eu le plaisir de vous entendre, de partager vos succès. Ce matin, j'ai pu apprécier toutes vos connaissances, toute votre instruction !..

ÉLISE. C'est à ma mère que je les dois, c'est ma mère qui m'a tout enseigné !..

NÉRIS, *à part.* Sa mère ! toujours sa mère ! (*Haut.*) Et maintenant, Élise, j'acquiers de nouvelles preuves de votre ame noble et généreuse. Rien ne m'échappe, mon enfant. Elise, vous l'a-t-on dit ? un mariage inespéré se présente pour vous...

ÉLISE. Oh ! pour toi, mon père ! dites pour toi !

NÉRIS. Un bien beau parti se présente pour toi, ma chère enfant ! Ouvre-moi ton cœur ; parle, parle avec toute franchise ; tant que ton père vivra, tes inclinations ne seront jamais contrariées ; et, sans l'inclination, ma fille, il n'y a point de bonheur dans le mariage ! Je ne te demande pas si M. le duc de Theyal a de l'amour

pour toi ; mais toi, mon enfant, aimes-tu M. de Theyal ?... Que ma question ne te cause aucun embarras : c'est pour toi, entends-tu bien, c'est pour toi seule que je veux que tu te maries. Ne prononce pas légèrement : de ta réponse dépend ton existence tout entière, dépend l'avenir de ton père. Si tu l'aimes, mon sort est irrévocablement fixé. Des projets conçus loin de toi, des projets nuisibles à ton bonheur, sont à l'instant même abandonnés. Dans une heure, je pars, je quitte la France !

ÉLISE. Eh quoi ! vous voulez déjà vous éloigner ?

NÉRIS. Je reviendrai !... je sens que désormais il faut que je vive près de toi. Ta famille deviendra la mienne. Dès ce jour, tout ce que je possède est à toi ; tu peux en informer ta mère. Réponds donc avec sincérité : aimes-tu M. de Theyal ? as-tu la certitude de trouver le bonheur avec lui ?

ÉLISE. Mon père, je ne sais plus si j'aime M. de Theyal ; je ne veux plus le savoir ; ce n'est pas aujourd'hui que j'interrogerai mon cœur. Depuis ce matin les choses ont bien changé ! bien des réflexions viennent de naître dans mon esprit ! Vous me demandez si j'ai la certitude de trouver le bonheur dans l'hymen qui m'est proposé ? Comment vous répondre ! comment me flatter moi-même de pouvoir faire le bonheur de M. de Theyal.. quand ma mère... que je n'égalerai jamais...

NÉRIS. Ma fille, vos intentions sont louables ; mais vous cherchez à pénétrer ce que vous ne devez pas savoir.

ÉLISE. Eh quoi ! mon père, vous voulez séparer mes intérêts des vôtres, d'intérêts qui me sont si chers !.. Ah ! quel égoïsme, quels sentimens étroits me supposez-vous ? Songez-y donc, mon père ! le jour où j'irais à l'autel, quel exemple sous mes yeux ! quel sujet de réflexions et de douleurs !... ma mère toute seule !.. une fille privée de son père !... de son père absent volontairement !.. Oh ! non, mille fois non ! mon père, je n'aime pas M. de Theyal ! je ne me marierai pas, pour jamais je renonce à me marier.

NÉRIS. Mon enfant, ta tendresse, ta piété filiale t'égarent. Ton père, il faut bien te le dire, n'est pas heureux : n'aggrave pas ses chagrins. Ta réponse est faite ; je n'ai plus rien à apprendre. Mon sort est décidé. Adieu, Elise, adieu !.. il le faut. Crois qu'il m'en coûte. J'arrive à l'âge où l'on a besoin d'amis, de famille ; il est si doux, si consolant de se savoir, de se sentir aimé !

ÉLISE. Mon père, combien je vous aime!

NÉRIS. Puisque Mme de Néris n'a pas daigné me recevoir... une lettre lui fera connaître mes résolutions.

ÉLISE. Comment! vous aviez demandé une entrevue à ma mère?

NÉRIS. J'avais chargé M. Préval de lui exprimer mes désirs : il vient de m'annoncer un refus.

ÉLISE. Eh bien! une seule grâce, une seule, mon père! c'est la première que je vous ai demandée; que je l'obtienne de vous! Cette lettre, ne l'écrivez pas! ne partez pas! ne partez pas aujourd'hui, du moins? Cette entrevue, je vais la demander, moi. Ce n'était pas son dernier mot, j'en suis sûre. Oh! je réussirai! Vous ne savez pas tout ce qu'une fille peut sur le cœur d'une mère!... Si un entretien convenu, préparé d'avance, vous cause quelque embarras... le hasard vous amènera près d'elle... Je serai là !... je me charge de tout... Vous êtes ici sous un nom supposé : gardez-le jusqu'à demain. Ce soir il y a bal, il y a concert; vous entendrez encore ma mère.... et regardez-la, regardez-la bien!.... Hier avec quel bonheur j'entendais chacun s'écrier autour de moi : Qu'elle est belle!... quel talent!.... Oh! convenez-en, convenez que vous ne l'aviez pas connue telle qu'elle est aujourd'hui?

NÉRIS. Ma fille!

ÉLISE. Oh! ne m'arrachez pas cette espérance!... Que voulez-vous! l'idée de ma mère dédaignée me révolte et me désespère! et si vous voulez.... oh! je vais vous aimer.... tant et si bien.... que ma mère elle-même en sera jalouse!.... Elle m'attend... et avec anxiété, sans doute. Je ne vous quitte pas entièrement : je lui parlerai de vous... et c'est moi qui vais préparer sa toilette. O mon père, qu'elle sera belle! Adieu ! adieu!...

NÉRIS. Adieu, mon enfant!...

ACTE TROISIÈME.

Le théâtre représente un salon qui précède la salle de concert ; à droite l'appartement de madame de Césanne, à gauche celui de madame de Brécourt.

SCÈNE PREMIÈRE.
Mme DE CÉSANNE, CRÉPON.

Mme DE CÉSANNE, *entrant par le fond.* Ah! c'est une horreur! c'est une indignité !...

CRÉPON, *la suivant.* Eh! mon Dieu! qu'est-ce donc? est-ce bien à moi que s'adresse cette tendre apostrophe?

Mme DE CÉSANNE. A vous-même ! oh ! ne riez pas!... je sais tout... Ce matin vous ne m'avez pas tout dit : vous avez des secrets pour moi !

CRÉPON. Je vous jure...

Mme DE CÉSANNE. Mensonge ! fausseté! L'homme qui vous quitte, c'est M. de Néris! Ce qui le conduit au Mont-d'Or, c'est un projet de séparation! et la preuve, c'est que vous voilà!.. Suis-je bien informée?

CRÉPON. Par quelle indiscrétion avez-vous appris...

Mme DE CÉSANNE, *en montrant une lettre.* Une lettre de Paris que j'attendais; une lettre de Mme de Candor, mon amie, qui demeure à l'Abbaye-aux-Bois. M. de Néris veut contracter un nouveau mariage.

CRÉPON. Vous dit-on avec qui?

Mme DE CÉSANNE. Non.

CRÉPON. C'est avec ma fille. Vous voyez que je n'ai pas de secret pour vous !

Mme DE CÉSANNE. Je m'en doutais. Quant à moi, je vous avais confié mes espérances : eh bien! au moment même où j'allais témoigner à Mme la marquise de Brécourt mes craintes sur les assiduités de M. le duc de Theyal près de ma fille...

CRÉPON. Mme de Brécourt vous a annoncé le mariage de M. le duc de Theyal avec Mlle de Néris!...

Mme DE CÉSANNE. Précisément.... Comment le savez-vous?

CRÉPON. Par M. Préval.

Mme DE CÉSANNE. Rien n'est fait encore, rien ne se fera!..

CRÉPON. Auriez-vous déjà informé madame de Brécourt?

Mme DE CÉSANNE. A l'instant, ici même, au milieu de ce concert, elle va tout apprendre. Puis-je m'appuyer de votre nom, de votre aveu?

CRÉPON. Non pas ! non pas!

Mme DE CÉSANNE. Comment?

CRÉPON. Je vous le défends! très-formellement!.. mais, si vous n'en tenez compte...

Mme DE CÉSANNE. Je prends tout sur moi. Ah! ma chère madame de Néris, ah! monsieur Préval, vous vous jouez à moi!

CRÉPON. Est-ce que vous soupçonnez entre eux....

Mme DE CÉSANNE. Je ne soupçonne pas, je suis certaine!..Quand il s'agit de croire au mal, je ne doute jamais.

CRÉPON. C'est juste!.. c'est comme moi.

Mme DE CÉSANNE. J'ai mes projets. Déjà je les ai confiés à Mme de Lussan ; elle est là... avec son fils, un de nos premiers secrétaires d'ambassade. C'est bien le plus indiscret petit personnage et la plus mauvaise langue!... Déjà peut-être le coup est porté.... Mme de Néris ne s'en relèvera pas !

CRÉPON. Excellente amie !..

Mme DE CÉSANNE. Mais on vient... Il importe qu'on ne nous voie pas ensemble. Rentrons au salon.

CRÉPON. C'est Mme de Néris !

Mme DE CÉSANNE, à Mme de Néris. Ah! chère madame, vous avez chanté comme un ange...

CRÉPON, à Mme de Césanne. Vous êtes adorable !..

Ils rentrent dans la salle de concert.

SCENE II.
JULIE, seule.

Mes vœux sont exaucés! Ce que je demandais m'a donc été donné! J'ai pu me montrer à lui et le rendre témoin de mes succès. Oui, oh oui! j'ai bien chanté, je le sais ; je suis contente de moi!... et cette conviction vaut mieux que tous les applaudissemens... Mais que le monde est bon! Que de douceur et de bienveillance dans tous les regards! Tout est riant, tout est ranimé par l'espérance... O mon Dieu! quel bonheur de vivre! quel bonheur d'être belle, de le savoir et de l'entendre dire! Oh! quel que soit l'objet de ses nouvelles affections, aujourd'hui je l'aurais défié! je l'aurais vaincu! Toute femme a son jour dans sa vie ; et aujourd'hui c'est le mien !...... (Après un moment de silence.) Dois-je en croire Elise? Serait-il possible que cette démarche d'Armand ne fût de sa part qu'une épreuve, qu'un moyen de sonder mes intentions, qu'un prétexte pour arriver à un rapprochement, à une réconciliation !.. Il ne serait retenu que par l'orgueil, une fausse honte ou la crainte d'un refus... Mais vraiment tout semble l'indiquer... Cette persistance à vouloir une entrevue !... Eh bien! s'il revenait à moi.... s'il avouait ses torts... s'il demandait grâce! pardonner, serait-ceun si grand mal? Elise le désire tant! une mère peut-elle rien refuser à sa fille! Et le mariage de cette chère enfant... Oh! oui, oui, je le sens, je serais trop heureuse de son bonheur pour ne pas pardonner!... S'il était bien inspiré.... il viendrait... Est-ce qu'il ne viendra pas?...

On approche..... juste ciel! c'est lui !.... (S'asseyant.) Oh! oh! mais c'est donc décidé! c'est donc écrit! tout doit donc succéder au gré de mes désirs!... Oh! mon Dieu! quels battemens de cœur!.. Allons, allons, le moment est venu : il faut l'humilier! il faut qu'il fléchisse le genou devant moi!... Un peu d'art et de coquetterie est bien permis... pour plaire à son mari.

SCENE III.
JULIE, NÉRIS.

NÉRIS, à part. Seule! elle est seule!.... (Haut.) Pardon, madame, pardon!... ce n'est pas moi sans doute que vous êtes venue chercher ici. Il ne m'appartient pas de vous demander ce que vous y faites... qui vous attendez?...

JULIE, à part. Qu'entends-je? quel ton!

NÉRIS. Mais, quelque déplaisir que ma présence puisse vous causer, il faut bien que je vienne à vous, puisque votre préoccupation vous empêche d'apercevoir ce qui se passe autour de vous... Madame, tandis que vous vous éloignez du théâtre de votre gloire, pour respirer plus à l'aise l'encens qui vous enivre, l'envie ne respecte point un triomphe si beau... la censure a succédé aux applaudissemens....

JULIE, se levant. Comment, comment, monsieur! que voulez-vous dire? Élise se serait-elle abusée sur vos intentions? Quel est donc le dessein qui vous amène près de moi? Tendrait-on ici quelque piége à ma crédulité?

NÉRIS. Un piége, madame!.. Eh! rentrez, rentrez, de grâce! tournez les yeux de ce côté! Votre fille est seule, madame, délaissée, abandonnée de tout le monde, en butte à tous les sarcasmes de la malignité! Vainement elle vous appelle, elle vous attend! Cette enfant est au supplice! De grâce, madame, de grâce, emmenez votre fille, ou je cède à mon impatience! je vais moi-même!.... Mais la voici !.... Dans quel trouble et quelle agitation !....

SCENE IV.
JULIE, ÉLISE, NÉRIS.

ÉLISE, pâle et à voix basse. Ma mère! ma mère !

JULIE. Juste ciel! qu'est-ce donc? et qu'as-tu, mon enfant?

ÉLISE. La honte, l'indignation... je ne puis parler !

NÉRIS. Achevez, ma fille!

ÉLISE. Votre fille! Ah! ce nom me fait

du bien !.. Appelez—moi encore votre fille, j'ai besoin de l'entendre !

JULIE, *prétant l'oreille.* Mais quel bruit ? quel tumulte ? Qu'est-ce donc enfin ?

ÉLISE. En te quittant, je vais reprendre ma place auprès de Mme la marquise de Brécourt ; elle n'était plus à la sienne, et je l'aperçois au fond du salon, entourée de plusieurs dames à qui Mme de Césanne faisait lecture d'une lettre... Mme de Césanne s'interrompait et tournait la tête de mon côté, comme pour me faire comprendre que c'était de moi qu'il était question. Oh ! quel regard ! qu'il exprimait de mépris et d'insulte ! Je jette les yeux autour de moi pour trouver un appui... j'étais seule... une distance considérable me séparait de toutes ces demoiselles. Je me lève et vais m'asseoir à côté de Mme de Lussan : elle abandonne aussitôt sa place. Je me rapproche de Mlle de Cireuil ; sa mère la rappelle, et chacune de ces dames, imitant son exemple, s'éloigne de moi.

NÉRIS. Eh bien ! madame ! eh bien !

ÉLISE. Des groupes se forment, d'où partent des murmures confus auxquels se mêlent plus distinctement votre nom et le mien... Je prête l'oreille... les mots de séparation, de divorce, arrivent jusqu'à moi. M. Crépon est désigné du doigt ; le nom de M. Préval est prononcé !

NÉRIS. M. Préval, madame !

ÉLISE. Et j'entends... Ah ! ma mère ! je ne dirai jamais ce que j'ai entendu !...

JULIE. Qu'est-ce que cela signifie ?

ÉLISE. Cependant je mourais de confusion et de douleur ; je faisais des efforts inutiles pour ne pas perdre contenance ; enfin Mlle de Lussan vient à moi, et sous les apparences de l'intérêt et de la compassion : « Sortez ! sortez, » me dit-elle, » mettez un terme à ce scandale, à l'indi-» gnation générale ! » Eh ! qu'ai-je donc fait ? grand Dieu ! — « Ce que vous avez » fait ? Et le mariage de Mlle Isaure et de » M. le duc de Theyal rompu par le ma-« nége et les intrigues de votre mère. »

JULIE. Ah ! quelle horreur !

ÉLISE. « Elle, Isaure, votre amie, qui » vous accordait toute sa confiance ! je ne » le crois pas, non, je ne puis le croire. » Mais vous voyez ce qui se passe. Sortez, » sortez ! Mais voyez donc !... on nous re-» garde, on nous observe, on se demande » si vous céderez enfin à mes remontran-» ces !... Ah ! sortez, sortez ! » — Oui, je sors, mademoiselle ! me suis-je écriée ; mais je reviendrai. Mon père, j'ai dit que je rentrerais ! l'on m'attend, et il faut que je rentre, ou qu'un éternel affront pèse sur

ma tête ! Vous êtes notre appui, notre protecteur ! c'est à vous de nous défendre et de nous venger ! Venez, montrez-vous !... mais point de réflexions ni de retards ! c'est tout de suite, c'est à l'instant même ! La calomnie est là... debout... sa voix domine !... Entendez-vous ! il faut se présenter à elle, et la confondre en face de tous ! Vous hésitez, mon père ! Ma mère, vous gardez le silence ! vous détournez la tête ! Eh ! qu'importent de légers torts, quand l'honneur parle ! Plus de dissensions entre vous ! Venez, venez ensemble ! Oh ! qu'on vous voie ensemble ! faites cela ! ah ! pour moi, pour votre fille ! faut-il donc embrasser vos genoux ?

JULIE. Elise, que fais-tu ? tous les yeux sont fixés sur nous. On vient.

ÉLISE. Ah ! qu'on vienne ! c'est ce que je demande.

JULIE. C'est Mme de Brécourt.

<hr>

SCENE V.
JULIE, LA MARQUISE DE BRÉCOURT, ELISE, NÉRIS.

ÉLISE. Madame la marquise, voici M. de Néris !

JULIE. Elise !

ÉLISE. Madame la marquise, voici mon père !

Mme DE BRÉCOURT. Votre père, mademoiselle ! Eh quoi ! madame, vous n'étiez pas veuve ?

ÉLISE. Mon père était proscrit, madame. Il rentre enfin !... il vient reprendre le rang et les titres qui lui appartiennent. Oui, madame... oui, j'ai un père dont je suis fière ; sa fille peut le montrer avec orgueil ! C'est un grand nom que le vôtre ! c'est un beau titre que celui de duchesse de Theyal ! Il eût comblé tous mes vœux !..... mais, pour l'obtenir, je ne cherche point à traverser les espérances d'une amie ; je ne surprends aucune volonté.... et dès qu'on m'accuse, je n'hésite pas à prendre le seul parti que commande l'honneur. Madame la marquise, M. le duc de Theyal est libre de disposer de sa main, selon son cœur ; je lui rends sa parole. Quant à moi, placée entre un père dont je me glorifie, et une mère digne de tout mon amour, je défie l'opprobre ou le malheur de m'atteindre jamais !

Mme DE BRÉCOURT. Mademoiselle, je ne puis qu'applaudir à de si nobles sentimens, et je respecte trop votre âge et votre innocence pour prononcer une parole que vous ne deviez pas entendre. Madame, il m'était bien cruel d'ajouter foi à des accusations qui ne sont sans doute pas désintéressées ; mais enfin tout n'est pas mensonge ; peut-être conviendrez-vous que je méritais une part plus large à votre confiance. Mais je vois combien vous souffrez... je n'en dirai pas davantage..... je vous laisse à juger du parti que je dois prendre.

SCENE VI.

JULIE, MADAME DE BRÉCOURT, ISAURE, ÉLISE, NÉRIS.

ISAURE, *dans la plus grande agitation.* Madame la marquise! madame la marquise! venez! venez! M. le duc de Theyal... O mon Dieu! prenez pitié de nous.

Mme DE BRÉCOURT. Qu'est-il donc arrivé, mademoiselle?

ISAURE. Une querelle!

Mme DE BRÉCOURT. Entre qui?

ISAURE. Entre M. de Lussan et M. Henri.

Mme DE BRÉCOURT. Juste ciel!

JULIE *et* ÉLISE. Ah! grand Dieu!

ISAURE. Ils se provoquent! ils sortent! M. Préval les suit!... Venez, venez! il est temps encore.

Mme DE BRÉCOURT, *à Julie.* Ah! madame, est-ce là le bonheur que vous m'aviez fait espérer?

Elle sort.

ÉLISE. Ah! je veux moi-même...

NÉRIS, *l'arrêtant.* Ma fille, demeurez!

SCENE VII.

JULIE, NÉRIS, ÉLISE.

NÉRIS. Eh bien! madame! ai-je encore quelque sacrifice à faire au bonheur de ma fille?... ma présence est-elle le seul obstacle à son mariage?... Qu'en pensez-vous?... Je vais m'éloigner, madame... je partirai... mais je ne partirai pas seul.

JULIE. Quelle serait donc votre intention, monsieur?

NÉRIS. De nouveaux devoirs me sont imposés, madame ; et désormais ma fille ne me quittera plus.

JULIE. Eh quoi! vous auriez la cruauté...

NÉRIS. Élise, votre place est maintenant près de votre père. Suivez-moi, ma fille.

ÉLISE. L'ai-je bien entendu? Me séparer de ma mère! de celle qui, depuis quinze ans, n'a cessé de me prodiguer tant de soins et d'amour! Ah! monsieur, jamais!

JULIE. Mon enfant!

NÉRIS. Mademoiselle!

ÉLISE, *courant dans les bras de sa mère.* Jamais, monsieur, jamais! Voilà mon appui, mon soutien! l'objet de mon culte, de mon adoration!... c'est Julie, ma sœur, mon amie! c'est ma mère, ma belle, ma digne mère! Elle seule est ma famille!

JULIE. Élise! Élise!

ÉLISE. Quiconque la chérit, la respecte et l'admire, a droit à ma tendresse et à ma reconnaissance! Qui cherche à la flétrir, ne doit prétendre qu'à ma haine!

JULIE. Malheureuse enfant!

ÉLISE. Oh! c'est la vérité! je n'écoute que mon cœur, moi... Toi seule es ma famille! ma place est là! et c'est là que je mourrai avant qu'on puisse m'en arracher!...

JULIE. Ah! voilà ma récompense! voilà qui me venge de tant d'injustices et d'affronts!... Mais, au nom de cet amour qui m'est si cher, ma fille, respect, obéissance à votre père! Dieu vous garde de prononcer jamais entre nous... Allez, Élise, allez, suivez votre père.

ÉLISE. Qui! moi?

JULIE. Ma fille, je le veux, je vous l'ordonne!... Élise, je t'en supplie!... songe à qui nous voit et nous entend... Monsieur, votre fille est prête à vous suivre.... demain j'irai vous la demander.

Elle se laisse tomber dans un fauteuil.

NÉRIS. Et moi, ma fille, je vous ferai juge des motifs qui me dirigent!... vous prononcerez !

ÉLISE. Ah! ce n'est pas ainsi que je voulais paraître avec vous.

SCENE VIII.

JULIE, *seule.*

Que fais-je?.... où suis-je ?..... n'est-ce point un rêve?... Ma fille! mon enfant!... j'ai pu m'en séparer, moi, sa mère! Oh! ce sacrifice passe toutes mes forces... Je la suivrai... j'irai... oui... mais, grand Dieu! tous les regards sont attachés sur moi!... Par où sortir?... comment?.. Ici, l'appartement de Mme de Brécourt.... là, celui de Mme de Césanne... aucune autre issue! aucune!.. Je suis seule, toute seule... et ils sont là ; ils m'attendent... Pas une femme ne viendra à moi?.. pas une!.. Cependant les femmes sont bonnes et généreuses. Ah! malheur ! malheur à la femme dont le monde s'occupe!.. ce n'est jamais que pour sa honte et son supplice!.. Beauté, talens, vous êtes un don funeste!

SCÈNE IX.
JULIE, HENRI.

HENRI. Je vous cherchais, madame... venez, venez, daignez me faire l'honneur d'accepter mon bras.

JULIE, *se levant et lui prenant vivement la main.* Brave ! brave et noble jeune homme !...

HENRI. Votre cause est la mienne... on ne vous aura pas outragée impunément ! Croyez-moi, madame, vous serez vengée !

JULIE. Vengée !... malheureux !... que dites-vous ? vous voulez me venger ! exposer votre vie pour moi !... Et votre mère ! votre vieille mère qui n'a plus que vous... Monsieur, je ne suis pas outragée... je n'ai rien vu, je n'ai rien entendu... l'insulte n'est point arrivée jusqu'à moi !... je pardonne tout ! j'oublie tout... Henri, je ne veux pas !... entendez-vous ?... je ne veux pas...

HENRI. Madame...

JULIE. Vous ne vous battrez pas, n'est-ce pas ? vous me le promettez !... vous me l'avez promis.

HENRI. Madame, au nom de ce que vous avez de plus cher au monde, du calme, du sang-froid. Vous rougiriez de moi-même, si je cédais à vos prières !.. Vous voyez où nous sommes... venez, montrez-vous avec cette assurance qui convient à la vertu indignement outragée ! Venez, venez, madame, ne craignez rien.

JULIE. Moi, craindre... Ah ! c'est à la femme, à la mère coupable qu'il convient de baisser les yeux ; mais moi, je puis lever la tête, et jeter un défi à toutes les inimitiés ! Venez, monsieur le duc.

ACTE QUATRIÈME.

Même décoration qu'aux deux premiers actes.

SCENE PREMIERE.
MARTINE, JULIE.

JULIE. Eh bien ! ma fille n'est pas partie ?

MARTINE. Non, madame, non, j'ai suivi toutes vos instructions, et je n'ai remarqué aucun préparatif de départ.

JULIE. Et M. le duc de Theyal, M. Préval, ne sont pas sortis ?

MARTINE. Non, madame, je m'en suis bien assurée.

JULIE, *à elle-même.* Quoi qu'il arrive, je ne puis rester au Mont-d'Or...... il faut que je m'éloigne, il le faut !... Mais partir sans ma fille ! me séparer d'elle !... ah ! plutôt mourir... Allons, j'y suis résolue... je verrai M. de Néris..... Martine, retournez à l'hôtel Chabaury..... et vous demanderez à M. de Néris s'il peut me recevoir..... Attendez... (*A part.*) Le voir... comment supporter tranquillement sa présence ? comment rester maîtresse de mes paroles ? Non, non, il vaut mieux écrire. (*A Martine.*) Je vais vous remettre une lettre. (*Elle s'assied devant une table.*) Prions, conjurons-le.. s'il n'a pas un cœur de bronze, il se laissera toucher... (*Elle écrit et s'arrête.*) Oh ! ce ton est trop dur... je n'obtiendrais rien... Je veux être humble et suppliante, et mon cœur n'est rempli que de fiel et d'amertume... Ma main tremble.... et tout mon être frissonne de colère et d'indignation ! (*Déchirant la lettre commencée.*) Non, non !... c'est au-dessus de mes forces !... Cet homme, je le hais, je le hais de toute mon ame !... jamais ma fierté ne s'abaissera devant lui !... Non, je n'écrirai pas ! non, je ne le verrai pas.... Martine, laissez-moi !.. (*Martine sort.*) Mais s'il avait la générosité de me rendre mon Elise..... Oh ! alors... oh ! oui, je saurais trouver des paroles pour lui exprimer ma reconnaissance.

SCENE II.
ELISE, JULIE.

ÉLISE, *se précipitant dans les bras de sa mère, qui court au-devant d'elle.* Ah ! ma mère ! ma mère !

JULIE. Ma fille, mon enfant !... m'es-tu rendue ? as-tu trompé sa vigilance ?... Partons, fuyons, ma fille, fuyons ensemble !... Le cruel ne t'aura entrevue un seul jour que pour ne te revoir jamais ! il comprendra mon désespoir !... ce que j'ai souffert cette nuit sera le supplice de toute sa vie.

ÉLISE. Ah ! ma mère, sois plus calme... je n'ai pas eu besoin de recourir à la ruse pour venir jusqu'à toi.

JULIE. Comment ?

ÉLISE. J'ai dit que j'allais embrasser ma mère, et je n'ai éprouvé aucun refus.

JULIE. Ah !.. ah !... c'est différent, ma fille...

ÉLISE. Et depuis hier je n'ai reçu de mon père que des marques d'attachement et les plus tendres soins.

JULIE. Pardon... je devais croire... je supposais...

ÉLISE. Que de bontés! que de prévenances! comme il me pressait sur son cœur! avec quel accent il me nommait sa fille... son enfant chérie... Ah! ma mère, que n'as-tu été témoin de sa joie et de son bonheur!

JULIE, *à part.* Quel changement!

ÉLISE, *à part.* Comment l'éclairer? comment oser lui ouvrir mon cœur?

JULIE, *de même.* Mais qu'ai-je donc? et que se passe-t-il?... (*Haut.*) Ma fille, jusqu'à ce jour, toutes vos pensées m'ont été connues : vos plaisirs, vos chagrins, je les ai tous partagés. Tout est-il changé depuis hier?

ÉLISE. Eh quoi! maman?

JULIE. Élise, nous nous connaissons trop bien l'une et l'autre pour que nous puissions nous dérober aucun des mouvemens de notre ame... Je le vois, ton regard est craintif, et tu t'en aperçois aussi, le mien n'est pas plus assuré... Ma fille, cette incertitude est affreuse, il y faut un terme. (*Parcourant la scène dans la plus grande agitation.*) O mon Dieu! quelle imprévoyance!.. quelle fatale sécurité!.. Il y a quinze ans que cette enfant est entre mes mains; j'avais le loisir de façonner son ame à ma guise, de lui inculquer tous mes ressentimens et toute mon aversion... je le pouvais, je le devais peut-être!... et je ne l'ai pas fait. Cet homme n'a pas eu un souvenir pour elle; et cependant il n'a qu'à se montrer; l'ingrate n'établit aucune différence entre nous; elle ne juge pas, elle ne distingue pas, elle fait les parts égales... elle oublie tout!... Qui sait? elle se fait sans doute un mérite, un point d'honneur de voler dans les bras de celui-là même qui l'a repoussée; et cela, parce que cet étranger s'appelle son père!... D'ailleurs, avec moi, tous les jours se ressemblent : ce sont même sollicitude, même dévouement, mêmes tendresses : elle me sait par cœur! Mais un père qui d'abord fait sentir son autorité, qui parle au nom de la loi que les hommes ont faite, c'est une piquante nouveauté, n'est-ce pas?.... Oh! pitié! pitié! Toutes les mères me l'ont dit; je ne voulais pas les croire; mais enfin je dirai comme elles : oui, oh! oui, les enfans sont tous des ingrats!....

Elle se jette sur un fauteuil en sanglotant.

ÉLISE, *à ses pieds.* Ingrate, as-tu dit? je suis une ingrate! Écoute, écoute donc! Tu m'as nourrie de ton lait; mon éducation est ton ouvrage; aucune difficulté, aucun dégoût n'a lassé ta patience; et tous les talens que je possède, ce sont les tiens, c'est toi qui me les as donnés. Vingt fois, pendant mon enfance, écartant tout soin mercenaire, tu t'es placée à mon chevet, les jours et les nuits; à genoux devant la croix, tu demandais au ciel de prolonger mon existence aux dépens de la tienne. L'arrêt était porté; mais luttant toujours, et luttant seule contre le mal, ton instinct, plus sûr que l'art, m'a sauvé la vie. Quand l'âge de la raison est venu, quand il a fallu m'enseigner mes devoirs de piété, je t'ai vue, en m'inspirant l'amour de Dieu, t'inquiéter de ton zèle, et trembler que cet amour ne devint plus grand que celui que j'avais pour toi!... Dis-moi, ai-je du jugement? manqué-je de mémoire? Cruelle, il faut que tu le saches : toutes les preuves déposeraient contre toi, que pour moi l'évidence serait mensonge, et, plus le monde chercherait à te dénigrer, plus mon respect et ma vénération se manifesteraient. Et ce ne serait encore là que l'indigne récompense de tant de soins et de tant de bienfaits : car t'exprimer combien je t'élève au-dessus de toutes les femmes, combien je t'aime et je t'adore, cela, ma mère, ne sera jamais en ma puissance!..

JULIE. Élise, tu es une bonne fille!

ÉLISE. Es-tu rassurée maintenant? me promets-tu du calme? puis-je te parler sans contrainte, comme une amie, comme une sœur?

JULIE. Eh bien? eh bien donc?

ÉLISE. Déjà ton visage prend une autre expression.

JULIE. Non, non, j'ai du sang-froid.... j'en ai... je t'écoute... mais va, va donc, cruelle enfant; l'enfer est dans mon cœur! Que t'a-t-il dit? que t'a-t-il dit?

ÉLISE. Vingt fois il était sur le point de parler, et vingt fois mes regards ont fait expirer la parole sur ses lèvres; mais de ma chambre je l'entendais. Des cris, des sanglots, arrivaient jusqu'à moi..... ton nom lui échappait...... il était en proie à tous les transports de la jalousie!..

JULIE. Lui jaloux! et de qui?

ÉLISE. Regarde autour de toi... Penses-tu qu'il soit au pouvoir d'un homme de te voir chaque jour, toi si belle et si noble, et de demeurer insensible à tant de charmes et de si brillantes qualités? Et si les paroles qui, hier au soir, ont frappé mon oreille étaient parvenues jusqu'à lui! s'il avait entendu ce que je n'ai pu dire devant lui... ce que, sans être sûre de ton indulgence, je n'oserais jamais prononcer devant toi!....

JULIE. Achève! achève!

ÉLISE. Tu ne me maudiras pas?

JULIE. Non, mille fois non! mais parle, je le veux, ma fille, je le veux!

ÉLISE. Eh bien! les cruels! ils ont poussé l'outrage jusqu'à nommer M. Préval....

JULIE. Mademoiselle!

ÉLISE, *se jetant à ses pieds.* Pardonne, ma mère, c'est toi qui l'as voulu!

JULIE. Enfant, ceci n'est pas de toi! ceci est de ton père! c'est lui qui t'envoie; tu viens éprouver ta mère!

ÉLISE. Oh!

JULIE. Oui, à mes genoux, ton regard m'interroge et m'accuse encore! Ma fille, vous osez douter de votre mère!

ÉLISE. Moi, grand Dieu!

JULIE. Eh bien! Elise, satisfaites à loisir votre curiosité! Me voilà devant vous : considérez mon front, étudiez mon visage. Regardez, regardez bien! toute votre pénétration ne saurait y surprendre de la honte ou du remords!

SCENE III.

MARTINE, ÉLISE, JULIE.

MARTINE, *annonçant.* M. Préval.

JULIE. Elise, restez, restez, je veux que vous soyez présente.

ÉLISE. Eh! ma mère, est-ce donc moi qu'il faut éclairer ou convaincre?

JULIE. Eh bien! non! je ne saurais rien. Éloigne-toi. Rentre dans mon appartement; attends-moi. Tu me promets de m'attendre?

ÉLISE. Je te le promets.

JULIE. Ma fille, mon honneur est le vôtre, et je saurai le défendre! je le saurai, n'en doutez pas! (*A Martine.*) Faites en trer.

Élise sort; Julie va s'asseoir sur le devant de la scène.

SCENE IV.

PRÉVAL, JULIE.

PRÉVAL. Madame, l'honneur est satisfait.

JULIE. Comment, monsieur?

PRÉVAL. Le sang n'a point été répandu. M. de Theyal a pris la cause de Mlle Elise, et j'ai embrassé la vôtre. Après deux épreuves, le combat a dû cesser, et réparation éclatante vous a été faite par M. de Lussan et M. de Cernon. Maintenant, madame, me sera-t-il permis de vous ouvrir mon cœur? Hier je venais à vous, j'allais parler, lorsque vous m'avez révélé l'existence du nœud qui enchaînait votre liberté. Ce nœud peut être rompu : j'en accepte l'espérance avec joie. Désormais, madame, votre cause est la mienne ; aucun délai ne pourra lasser ma patience ; et si tant d'efforts pouvaient un jour obtenir de vous.... madame.... mais.... madame.... je n'ose continuer... votre regard...

JULIE. Achevez, achevez donc, de grâce!

PRÉVAL. Achever, quand je vois le sourire sur vos lèvres!

JULIE. C'est que, quand le mal a passé la mesure, l'on devient plus calme et plus tranquille... c'est l'incertitude qui est affreuse.... mais quand on peut sonder toute la profondeur de sa misère... quand l'abîme est là, avec la certitude d'y tomber... alors le courage et la sérénité renaissent, et l'on se prend à sourire... Il n'y a plus qu'à mourir!

PRÉVAL. Mourir! ah! madame!

JULIE, *se levant.* Mais insensé que vous êtes...

PRÉVAL. Madame!..

JULIE. Pardon, loin de moi la pensée de vous offenser... vous êtes le frère de ma meilleure amie... vous avez voulu défendre mon honneur au péril de vos jours; je ne puis vous haïr.... je ne vous hais pas... mais il m'est bien permis de vous dire, monsieur, que je ne puis avoir de l'amour pour vous, que je n'en ai pas... que cependant je passe aux yeux de tous, aux yeux mêmes de ma fille, pour être votre maîtresse!.. qu'en prenant ma défense avec tant de chaleur et d'indiscrétion, vous avez aggravé l'outrage que j'ai reçu, en donnant à penser qu'il était mérité.... que tous les propos d'hier me font moins de tort que votre zèle ; que ce duel ne tend qu'à les publier et à les confirmer ; et que, si vous avez évité le coup de votre adversaire, ma réputation ne se relèvera jamais du coup mortel que vous lui avez porté.

PRÉVAL. Madame, permettez...

JULIE. De grâce, pas un mot de plus... Ah! monsieur... monsieur Préval, qu'avez-vous fait!..

Elle rentre dans son appartement.

SCENE V.

NÉRIS, PRÉVAL.

PRÉVAL. M. de Néris!.. (*A part.*) Ah! si sa fureur répond à la mienne...

NÉRIS. Je vous cherchais, monsieur, et je me félicite de vous trouver seul.

PRÉVAL. Je suis entièrement à vos ordres, monsieur.

NÉRIS. Je viens réclamer de vous un conseil.

PRÉVAL. De moi, colonel?

NÉRIS. Voici le fait : Il m'est revenu que Mme de Néris, cette dévote si austère, n'avait pu résister aux piéges d'un adroit corrupteur; que depuis six mois ce séducteur possède l'amour de ma femme, la tendresse de ma fille; qu'il dirige et gouverne ma maison; en un mot qu'il existe chez moi un ménage qui m'est étranger, une famille qui n'est plus la mienne... Vous me direz que rien n'est plus commun que ces maris pacifiques et débonnaires pour qui l'inconduite et le désordre d'une femme n'ont rien de choquant, et qui contemplent sans sourciller le renversement de l'autorité domestique... Que voulez-vous? l'exemple ne me séduit pas; et après quinze ans d'absence, il m'a paru bizarre, original, de faire le jaloux, et, par esprit de contradiction, la fantaisie m'a pris de me trouver offensé!... D'ailleurs, cet homme, m'a-t-on dit, quoique magistrat et rigide censeur des mauvaises mœurs, n'en est pas moins homme à bonnes fortunes, et grand ami des plaisirs!.. On assure qu'il a l'esprit caustique, railleur, persifleur, qu'il jouit de mon dépit, et se fait un plaisir cruel d'irriter ma blessure. Eh bien! son triomphe est encore douteux.... je ne désespère pas de troubler cette grande joie... J'ai donc formé le projet de lui proposer, sans plus de cérémonie, de nous faire sauter la cervelle sous le premier arbre de la forêt!.. Que vous semble, monsieur le conseiller, de cette proposition?... puis-je me permettre de l'adresser avec quelque chance de succès?.. donnez-m'en, de grâce, votre avis... vous êtes bon juge... et vous m'épargnerez peut-être le désagrément d'un refus.

PRÉVAL. Colonel, en venant à moi, vous vous êtes bien adressé; votre instinct vous a servi merveilleusement... oui, vous avez bien lu dans le cœur de l'homme dont vous parlez; mais sa pénétration n'est peut-être pas inférieure à la vôtre... Colonel, votre ton dégagé ne trompera personne... vous êtes réellement jaloux!..

NÉRIS. Jaloux!..

PRÉVAL. Oui... mais vous êtes honteux de l'être... vous jouez la gaîté par orgueil, la frivolité et le dédain de la vie par désespoir... et cette femme que vous semblez rejeter avec tant de mépris... oh! vous avez de l'amour pour elle!..

NÉRIS. De l'amour!

PRÉVAL. Vous en avez!... lui aussi, colonel, il l'aime cette femme, il l'aime de toute la puissance de son ame!... la faire sienne, vous l'arracher, vous la montrer à son bras, ce serait pour lui le comble de la félicité!.. vos regrets, votre dépit rendraient sa possession plus douce et plus enivrante... mais quand il pense que cette femme fut la vôtre, votre vue est pour lui un spectacle affreux... il sent que la terre ne peut plus vous porter l'un et l'autre... il brûle de voir le fer briller, et le sang réjouirait ses yeux!... Oh! oh! croyez-moi, colonel, vous avez trop de défiance de vous-même... cet homme acceptera... vous n'avez pas de refus à craindre de sa part, c'est moi qui vous en donne ma parole!..

NÉRIS. Qu'il vienne donc!... car ma haine est égale à la sienne... L'heure est propice, et les armes sont à son choix... avec ou sans témoins, n'importe... mais qu'il vienne!... oh! qu'il vienne à l'instant même!...

PRÉVAL, *avec sang-froid.* Il n'ira pas, colonel.

NÉRIS. Il ira, monsieur!.. je vous réponds qu'il ira!.. et s'il hésite...

PRÉVAL. Arrêtez, je vous prie, monsieur!.. cet homme vient de se battre; son courage ne saurait être suspecté.

NÉRIS. Je le savais... si j'avais douté de votre courage, je commettrais une lâcheté; vous êtes brave, monsieur, vous avez fait vos preuves, et je viens à vous...

PRÉVAL. Monsieur, nous sommes seuls; quelle qu'ait été l'âcreté de nos paroles, il ne nous en est heureusement échappé aucune qui demande du sang... avant de me rendre à votre appel, permettez-moi de réclamer de vous quelques momens d'attention.

NÉRIS. Je vous écoute, monsieur.

PRÉVAL. Monsieur, un honnête homme meurt plutôt que de convenir des avantages qu'une femme a pu lui accorder... Je m'attends donc que, loin de vous convaincre, ma conduite ne vous paraîtra que l'accomplissement du devoir le plus ordinaire.... cependant je le remplirai, moins pour vous que pour moi-même... Monsieur, je croyais Mme de Néris veuve... depuis six mois que je la vois dans l'intimité de ma sœur, je n'ai remarqué en elle que les qualités et les vertus qui commandent le respect et l'admiration!.. comment ne l'aurais-je pas aimée ? mais comment aimer une telle femme, et songer à lui dire son amour, sans demander sa main ?... J'allais lui déclarer mes vœux, lorsqu'elle m'a révélé votre existence... La perspective du divorce qui vous amène a réveillé toutes mes espérances... Outragée dans sa réputation, j'ai dû venger une femme venue avec moi, placée sous ma garde et ma protection; je l'ai fait... Tout fier de cet avantage, je viens à elle... monsieur, vos soupçons sont justes; je lui parlais de mon amour... mais pour la première fois de ma vie... eh bien! aurai-je la force de contraindre mon orgueil à cet aveu?.. oui, oui, je l'aurai, je veux l'avoir... Monsieur, cette femme, depuis six mois, je l'ai entourée de soins, des marques du plus entier dévouement ; tout était en ma faveur, et tout plaidait contre vous... et c'est vous... oui, je vous le dirai... cette femme vous aime!..

NÉRIS. Quoi !

PRÉVAL. Oh! oui, il faut qu'elle vous aime!.. car elle a accueilli mes vœux, non pas avec colère, non pas avec mépris, mais avec cette modération, cette fermeté compatissante qui jette le désespoir et la mort dans l'ame!.. Et quand vous avez remporté cette victoire sur moi, vous venez me provoquer !.. Mais savez-vous bien que c'est mettre ma fierté à de trop rudes épreuves?.. qu'il y a des momens où la vie est un fardeau ?.. et que pour me venger de vous, je pourrais charger votre conscience de la mort d'un homme ?.. Savez-vous que toutes les mauvaises passions luttent en moi et se révoltent contre ma résolution ?.. Monsieur de Néris, vous le voyez, je détourne la tête... un regard, une seule parole pourrait tout changer... votre main, au nom du ciel, votre main ! Ah! vous hésitez long-temps!.. c'est vous qui m'avez provoqué, songez-y!.. c'est moi qui refuse un duel!.. j'ai de l'orgueil, monsieur de Néris!.. Oh! de la pitié, de la générosité!.. votre main, au nom du ciel ! votre main !

NÉRIS, *lui tendant la main.* Ah! monsieur... ah! comment résister à tant de grandeur d'ame et de générosité ?

PRÉVAL. Ah! bien! bien!.. je sens à mon tour tout ce qu'il peut vous en coûter; et l'effort que vous faites est supérieur au mien!.. cela dit tout... point d'explications, d'excuses, ni de réparations...

SCENE VI.

Les Mêmes, CRÉPON.

PRÉVAL, *poursuivant.* Je devine tous les sentimens nobles et bons qui vous assiégent... ne les repoussez pas... retournez près de votre Elise... songez à son amour, à votre bonheur... il est peut-être encore entre les mains de son père et de sa mère... Mais, croyez-moi, rejetez de funestes conseils, des conseils intéressés.

CRÉPON. Comment! comment! qu'est-ce à dire ?.. A qui s'adresse cette mercuriale, s'il vous plaît, monsieur le conseiller ?..

PRÉVAL, *à Néris.* Je vous laisse, monsieur... je pars, je quitte la France... l'absence est pour moi un devoir, un besoin... quelque jour je reviendrai, je l'espère du moins ; je reviendrai digne de vous.... Adieu, monsieur de Néris... adieu !

Il sort.

SCENE VII.

NÉRIS, CRÉPON.

NÉRIS. Oui, oui, j'écouterai cette voix ; c'est celle de l'honneur... Ah! pourquoi, il y a quinze ans, une voix amie ne s'est-elle pas fait entendre!.. C'est vous qui m'avez suggéré cette fatale séparation.... depuis mon retour, c'est vous qui m'avez empoisonné de vos conseils, qui m'avez soufflé l'esprit de discorde et de chicane!.. c'est vous qui m'avez torturé l'ame!.. Allez, allez, laissez-moi!.. je ne veux plus de vous; je ne vous écoute plus!.. maudits soient tous les hommes qui vous ressemblent!.. ils ne sont nés que pour le supplice et la ruine des familles!

Il sort.

SCENE VIII.

CRÉPON, *seul.*

Vous le prenez ainsi!.. adieu donc, je pars!.. mais avant, je vais te faire remettre le mémoire de mes déboursés et honoraires... tu sauras ce qu'il en coûte de déplacer un homme d'intelligence et de capacité tel que moi!

SCENE IX.

Mme DE CÉSANNE, CRÉPON.

Mme DE CÉSANNE. Eh ! bon Dieu! qu'est-ce donc? quel bruit? encore une nouvelle querelle!...

CRÉPON. Rien de tout cela, ma toute bonne!.. ce n'est qu'un mouvement d'abandon et d'effusion de maître à client... un concert de félicitations et de remercîmens... un échange bienveillant de quelques vérités, pour leur usage personnel et l'édification du prochain!.. il est impossible de mieux s'entendre, et de se faire des adieux plus touchans!.. nous nous sommes envoyés cordialement à tous les diables.

Mme DE CÉSANNE. Ah ! mon Dieu !

CRÉPON. Et si je n'avais meilleure tête que lui...

Mme DE CÉSANNE. Vous feriez la folie de vous battre?..

CRÉPON. Non pas!.. avec un client ! un duel à l'occasion d'un procès!.. je me ferais casser à la tête de toute ma compagnie!... Je vais demander des chevaux de poste.

Mme DE CÉSANNE. Comment! est-ce que vous partez pour Paris?

CRÉPON. Dans une heure, au plus tard. Pour me calmer un peu, je vais me mettre au bain, avaler mon verre d'eau, embrasser le docteur, et fouette postillon !

Mme DE CÉSANNE. Et vous m'abandonnez!.. et vous me laissez seule ici!.. quand je touche au but... quand je triomphe !...

CRÉPON. Ma chère madame de Césanne, voulez-vous bien me permettre de vous parler à cœur ouvert?

Mme DE CÉSANNE. Si je le veux! mais je vous en prie.

CRÉPON. Vous avez été à même d'apprécier mon caractère: j'aime la paix, la concorde; le bruit et le scandale m'épouvantent... eh bien! dès mon arrivée, je me suis aperçu qu'il y avait ici bien des esprits remuans, brouillons et tracassiers... si vous daignez m'en croire, vous n'y resterez pas davantage ; ce n'est ici ni votre place, ni la mienne... Déjà, ma chère cliente, la médisance s'exerce sur vous!

Mme DE CÉSANNE. Eh mais! mon cher maître, savez-vous bien qu'elle ne vous épargne pas?

CRÉPON. Je l'aurais parié!.. l'on dit tout bas que vous pourriez bien être cause de ce que votre fille ne se marie pas.

Mme DE CÉSANNE. Et l'on affirme tout haut que vous ne devez vous en prendre qu'à vous si la vôtre reste fille.

CRÉPON. Voyez la calomnie!... l'on va même jusqu'à insinuer que votre conduite peut avoir été quelque peu légère... L'on cite votre procès avec feu M. de Césanne... certaines circonstances qu'il a révélées.... les exemples d'une mère ne sont pas toujours sans influence sur sa fille... Vous voyez que je vous parle en ami.

Mme DE CÉSANNE. Et vous voyez aussi que j'agis avec la même franchise avec vous .. J'ajouterai que l'origine douteuse de votre fortune, la censure dont, parfois, vous avez été l'objet de la part de votre compagnie... certaines liaisons... les chagrins dont vous avez abreuvé cette bonne Mme Crépon...

CRÉPON. Bien obligé! c'est assez!... notre modestie prévoit la suite du panégyrique. Prenons garde que l'amour-propre ne nous entraîne à imiter ces compères qui se louangent dans la crainte de n'être pas assez loués, et finissent par croire aux éloges qu'ils se donnent eux-mêmes... Je remarque d'ailleurs que la flatterie exagérée blesse votre délicatesse, et que vous êtes prête à vous emporter.

Mme DE CÉSANNE. Moi!

CRÉPON. Si l'on nous surprenait, toutes les mauvaises langues qui sont ici ne manqueraient pas de dire qu'après avoir querellé et brouillé tout le monde, nous avons fini par nous quereller et nous brouiller ensemble... c'est un piége où nous aurons l'adresse de ne pas tomber.... Au revoir donc, incomparable amie... Nous sommes trop jeunes l'un et l'autre pour nous dire un éternel adieu... de plus heureuses circonstances nous rapprocheront sans doute encore, car il faut bien convenir entre nous que notre amitié a ses accès et ses révolutions périodiques... L'on peut bien se maudire secrètement, se jurer tout doucement, à part soi, une haine à mort; mais le fond de l'affection n'en reste pas moins inaltérable ; plus la séparation aura été longue, plus le retour aura de charme et de nouveauté... J'ai bien l'honneur de vous saluer.

Mme DE CÉSANNE. Ah! l'indigne! ah! le monstre! ils se ressemblent tous!

ACTE CINQUIÈME.

Même décoration qu'au troisième acte.

SCENE PREMIERE.

ISAURE, Mᵐᵉ DE CÉSANNE.

ISAURE. Eh! ma mère, que voulez-vous?.. qu'espérez-vous encore? Mᵐᵉ de Brécourt va partir... Voyez, voyez, les chevaux sont à la porte.

Mᵐᵉ DE CÉSANNE. Je veux la voir; je veux l'attendre ici... quoi qu'il arrive, je ne partirai pas, je ne céderai pas la place à Mᵐᵉ de Néris; et, dussé-je périr d'ennui, je resterai la dernière.

ISAURE. Vous resterez donc sans moi, ma mère? car rien ne saurait me retenir une heure de plus au Mont-d'Or.

Mᵐᵉ DE CÉSANNE. Ma fille!

ISAURE. Ma mère, écoutez-moi!.. je vous dois soumission, obéissance, je le sais; mais enfin l'âge de la raison est venu; et, sans vous manquer de respect, ne pourrai-je une seule fois me diriger d'après mes propres lumières?.. Écoutez-moi, je vous en conjure... Toutes vos bontés sont présentes à ma mémoire; depuis bientôt sept ans que vous m'avez menée dans le monde, vous n'avez pas passé un seul jour sans vous occuper de mon établissement: j'ai quelque beauté, quelque talent, de la fortune... d'où vient donc cette exclusion qui semble ne frapper que sur moi? Ai-je jamais manqué à aucun de mes devoirs? ma conduite a-t-elle été légère, inconséquente? non, oh! non, ma conscience est pure.

Mᵐᵉ DE CÉSANNE. Eh! ma fille, pourquoi désespérer?

ISAURE. Non, ma mère, vous vous abusez. Je ne me marierai pas, et la cause, je vais vous la dire. Pardon, encore une fois pardon!..... Excusez toute expression qui pourrait vous blesser. Mais il y a trop long-temps que je garde le silence, et mon cœur trop plein ne peut plus contenir le cri de son désespoir! Voulez-vous le connaître cet obstacle invincible, le voulez-vous? Eh bien!.. c'est ma mère!

Mᵐᵉ DE CÉSANNE. Moi! cruelle enfant!

ISAURE. Oh! vous m'aimez! vous m'aimez tendrement! mais c'est cette tendresse même qui me perd, qui me tue! Qu'un jeune homme m'accorde la moindre attention; point de doute, il m'aime, c'est un mari! Tout aussitôt ce jeune homme s'éloigne. Un autre lui succède qui s'éloigne

encore; et ce manége continuel m'a fait de ma position comme un état dans le monde: je suis à marier! Dans les bals, les promenades ou les spectacles, on me suit, on s'attache à mes pas... Et savez-vous, ma mère, ce qu'il y a d'humiliant dans cet empressement, d'ironique dans la curiosité qui m'observe et m'interroge, d'insultes dans les hommages qui me sont adressés! Hier encore un fat m'a écrit! l'insolent m'a serré la main!... Et je me suis tue, et j'ai dévoré cet outrage!

Mᵐᵉ DE CÉSANNE. Et qui donc s'est permis....

ISAURE. Eh! qu'importe le nom? C'est un jeune homme qui fait de la musique, qui danse, qui s'amuse..... mais qui ne cherche point une femme. Ah! c'en est trop enfin!..... Je ne veux plus de vos plaisirs ni de vos fêtes!.... Une nuit au bal est pour moi une nuit de souffrances et de tortures! Ma mère, si vous ne pouvez renoncer au monde, eh bien! vous irez seule. Moi, je ne sortirai pas, je vous attendrai. Une caresse de vous, une parole tendre, voilà désormais mes plaisirs, mon bonheur. Toute mon étude sera de vous faire aimer votre intérieur, de vous entourer de véritables amis. Peut-être alors un honnête homme viendra-t-il à moi, et mon orgueil ne sera plus mortifié, mon amour ne sera plus rejeté avec mépris; car il faut que vous sachiez mon supplice: ma mère, j'aime M. de Theyal; mon cœur est en proie à tous les tourmens de la jalousie; et de toutes les filles je suis la plus infortunée!

Mᵐᵉ DE CÉSANNE. Isaure, mon enfant!... ma chère enfant!...

ISAURE. Ma mère, ma bonne mère, je sais combien vous m'aimez! Oh! partons, partons!... quelque orage est prêt à fondre sur nous. Oh! maman, ne l'affrontons pas!... je t'en prie, je t'en supplie!... C'est la vie, c'est l'honneur que je te demande!

Mᵐᵉ DE CÉSANNE. Calme-toi!.. on vient! c'est Mᵐᵉ de Néris!

ISAURE. Ciel! M. de Theyal est avec elle!

SCENE II.

JULIE, HENRI, ISAURE, Mme DE CÉSANNE.

HENRI, *à Mme de Césanne.* La fortune nous sert à merveille, madame. En voyant M. Crépon monter en voiture, je craignais que vous ne fussiez partie. J'espère que vous ne nous priverez pas de votre présence. Celle de Mme de Brécourt est aussi nécessaire : je vais la prévenir, et je rentre à l'instant.

Il entre dans l'appartement de gauche.

SCENE III.

JULIE, ISAURE, Mme DE CÉSANNE.

Mme DE CÉSANNE. Qu'est-ce donc, madame?.. M. de Theyal me paraît être dans une grande agitation, et vous me semblez vous-même bien émue !

JULIE. Je ne m'en défends pas, madame, j'étais cruellement tourmentée de la crainte d'apprendre votre départ ; mais vous me rendez mon courage.

SCENE IV.

HENRI, Mme BRÉCOURT, JULIE, ISAURE, Mme DE CÉSANNE.

Mme DE BRÉCOURT. Non, mon fils, non ; toutes mes réflexions sont faites, ma résolution est inébranlable ! Vous voulez me parler, madame? A quoi bon? dans quel but ?

JULIE. Pardon, madame la marquise, je ne vous retiendrai pas long-temps. De graves accusations pèsent sur moi...

Mme DE BRÉCOURT. Madame, il ne m'appartient pas...

JULIE. Il est des personnes dont on dédaigne le jugement ; leurs propos peuvent nuire sans doute, mais presque toujours la réflexion en fait justice. Il en est d'autres, au contraire, dont le blâme imprime une tache ineffaçable ; la conscience la plus tranquille s'alarme de leur censure, et je voudrais me justifier à vos yeux, madame la marquise ; mais cela ne peut être qu'en présence de M. de Néris et de ma fille. Les voici.

SCENE V.

HENRI, Mme DE BRÉCOURT, JULIE, ÉLISE, NERIS, ISAURE, Mme DE CÉSANNE.

NÉRIS. Eh quoi ! madame, vous n'êtes pas seule ? J'avais prié M. de Theyal de vous demander pour moi un moment d'entretien ; mais je ne m'attendais pas...

ÉLISE. Mon père, restez !.. Oh! restez! je vous le demande en grâce !..

Mme DE CÉSANNE. C'est monsieur de Néris, votre mari, madame?

JULIE. Oui, madame, monsieur est mon mari.

Mme DE CÉSANNE. On ne m'avait donc pas trompée!.. Je vous en fais mon bien sincère compliment.

JULIE, *à Isaure.* Mademoiselle, il m'en coûte beaucoup de vous prier de vous retirer; mais il le faut...

Mme DE CÉSANNE. Comment, madame? que pouvez-vous avoir à dire que ma fille ne puisse entendre aussi bien que la vôtre?

JULIE. Ma fille doit être présente, madame; la vôtre ne le peut pas. Vous ne tarderez pas à apprécier mes motifs. (*A Isaure.*) Mademoiselle, je n'aurai sans doute pas l'honneur de vous revoir. Quelle que soit l'opinion qu'on ait pu vous donner de moi...

ISAURE. Ah ! madame !..

JULIE. J'éprouve le besoin de vous assurer que jamais je n'ai rencontré une jeune personne plus charmante et plus digne d'intérêt que vous.

ISAURE. Madame, je conserverai toute ma vie le souvenir de vos bontés. Je crois vous comprendre... je puis vous avoir de nouvelles obligations... j'en appelle à votre générosité !.. (*S'avançant près d'Élise.*) Adieu, mademoiselle !.. Élise, pardon, pardon !..

ÉLISE. Oh! mademoiselle !.. mon amie !..

ISAURE. Croyez-moi !.. je veux que vous me croyiez, Élise! personne ne fait des vœux plus sincères que moi pour votre bonheur! (*Elle salue Mme de Brécourt, et s'écrie à voix basse, en jetant un regard sur Mme de Césanne.*) Ah ! ma mère !... ma mère !..

SCENE VI.

HENRI, Mme DE BRÉCOURT, JULIE, ÉLISE, NÉRIS, Mme DE CÉSANNE.

NÉRIS, *à part*. Quel peut être son dessein ?

Mme DE CÉSANNE. J'ai peine à m'expliquer...

JULIE. Oh! je m'y attends, madame, ma conduite va vous paraître bien étrange ; elle choque tous les usages. Une femme attaquée dans sa réputation quitte la place le front baissé, et s'en va misérablement périr du trait qui l'a frappée; tandis que son ennemie reste victorieuse sur le théâtre même de son triomphe!.. Mais aujourd'hui, madame, ne sera pas comme hier!.. (*Se tournant vers Mme de Brécourt.*) Madame la marquise, ne pensez-vous pas qu'il y aurait moins de fausses amitiés, moins de noirceurs et de perfidies, si chacun avait le courage d'aller au fond des choses, de chercher l'accusateur, d'aller droit à lui, et de lui dire à voix haute, en présence de tous : Vous êtes un calomniateur.

Mme DE CÉSANNE. Comment? qu'est-ce à dire?...

JULIE. Je ne vous ai pas nommée, madame... mais ce que je veux qu'on fasse, je le fais. C'est à vous maintenant que je m'adresse, et je vous le dis : Vous m'avez calomniée.

Mme DE CÉSANNE. Moi! madame !

JULIE. Vous, madame de Césanne ! Cette fois je vous nomme, devant mon mari, devant ma fille !... vous m'avez calomniée!

Mme DE CÉSANNE. Allez-vous, par hasard, me jeter dans vos procès, m'appeler devant vos tribunaux!...

JULIE. Le tribunal est ici, madame! mes juges, les voici!... Voyons, n'aviez-vous pas une lettre entre les mains hier au soir! Achevez de convaincre madame la marquise! Ce que vous avez dit, ne le répéterez-vous pas? voilà mon mari, voilà ma fille, voilà mes juges!...

Mme DE CÉSANNE. Patience... madame!... je vais avoir l'honneur de vous répondre. Ce que j'ai dit, je vais le répéter.

JULIE. Voyons, madame...

Mme DE CÉSANNE. Madame la marquise de Brécourt est venue me faire part d'un projet de mariage entre mademoiselle Elise et M. le duc de Theyal. Son amitié m'a consultée; devais-je trahir sa confiance ? Vous passiez pour veuve ; j'ai dit que vous étiez mariée : est-ce médisance, madame? J'ai dit que depuis quinze ans une séparation existait entre vous et votre mari : est-ce calomnie? J'ai dit que vous placiez toutes vos espérances dans un divorce prochain : est-ce mensonge, madame? Peut-être entrait-il dans vos vues de faire mystère de tout ceci? Chacun interprète son devoir suivant sa conscience ou ses intérêts. J'ai rempli le mien, madame; voilà mon crime.

JULIE. Ah! si vous n'aviez dit que cela, je courberais la tête. Mais ce que vous avez dit encore, que vous ne répétez pas; ce qui est calomnie, mensonge, madame, c'est que M. Préval est mon amant! que je suis sa maîtresse ! Vous l'avez dit ! (*Se tournant vers M. de Néris.*) Et vous, vous l'avez cru, malheureux homme que vous êtes !

NÉRIS. Ah! madame !

JULIE. Vous l'avez cru! C'est votre seule excuse, c'est votre seul refuge pour briser le lien qui vous attache à moi. Car j'ai bien pu céder à un mouvement de dépit et de vengeance ; mais, de mon propre consentement, vous ne m'amènerez jamais à un divorce! jamais! entendez-vous, monsieur! Du jour où j'ai mis ma main dans la vôtre, j'ai formé un nœud qu'il n'appartient pas aux hommes de rompre!.. Je ne veux pas de ma liberté!.. elle ferait ma honte!.. Jamais je ne quitterai votre nom, et notre union n'aura pour terme que la mort!.. Ah! que ne suis-je, comme hier, sous ces regards qui me dévoraient; je leur montrerais ce témoin qui vous confondra tous! Voilà ma fille qui, pendant quinze ans, ne m'a pas quittée!... M. Préval m'aime!.. et qu'y puis-je faire, moi?.. Le monde envenimera donc tout! on ne pourra donc croire à l'amitié, au dévouement!.. Mais quelle idée certaines femmes ont-elles donc des femmes?.. Et le devoir! et la pudeur ! et ma fille! ma fille qui était là, nuit et jour, à mes côtés! Mais comment donc prouver qu'on est honnête femme?.. l'on n'a pour soi que sa vie tout entière! Non, non, je n'ai ni à rougir, ni à pleurer! je n'ai besoin du pardon ni de la pitié de personne!.. Madame la marquise, je ne suis pas infâme! personne n'a le droit de dire de moi : Cette femme est infâme!

Mme DE BRÉCOURT, *lui sautant au cou.* Ah! vous êtes bien cette Julie que j'avais devinée!... Oui, oui, vous êtes ma fille ! que je vous embrasse! que je vous embrasse encore !

JULIE. Merci, merci, madame la marquise!.. Mais ce n'est point assez... et mes torts à moi, puis-je les oublier? Non, non! Ah! le courage que j'ai trouvé pour me défendre ne me fera pas faute pour m'accuser! Ma fille, il faut que tu le saches, en me mariant j'ai voulu garder toute mon indépendance! moi, une enfant, j'ai livré mon ame à toutes les fureurs de l'esprit de parti! Ton père, je l'ai attaqué, blessé dans ses souvenirs, dans ses croyances, dans sa gloire. Cette gloire, qui devait être la mienne, j'ai voulu la flétrir! j'ai voulu rabaisser tout ce qui est en vénération parmi les hommes : l'honneur, le dévouement, la fidélité! J'ai renié mon appui, mon protecteur! c'est à moi qu'il doit son exil! c'est moi seule qui suis cause de tous ses maux!.. Pardon, Armand, pardon! c'est à moi de m'humilier! j'ai eu tort, je me repens, pardonnez-moi !..

NÉRIS, *lui ouvrant ses bras.* Ah! Julie! Julie!

JULIE. Je suis donc vengée! je puis donc me montrer entre ma fille et mon mari !

ÉLISE. O mon Dieu! que je vous remercie !

Mme DE BRÉCOURT. Henri, prends la main de cette enfant, prends-la avec toute sécurité. La conduite de la mère te répond de la fille.

HENRI. Ah! ma mère !.. ah! mademoiselle !..

JULIE, *à Mme de Césanne.* Je ne vous retiens plus, madame. Vous pouvez raconter tout ce que vous venez de voir et d'entendre. Je n'ai qu'un regret, c'est que toutes les personnes qui se trouvaient ici hier au soir n'en aient pas été témoins comme vous!

Mme DE CÉSANNE. Elles n'y perdront rien, madame, soyez-en bien sûre! Voici l'heure où tout le monde va se rendre au déjeuner; je serai trop heureuse de réparer tous mes torts en publiant une réconciliation aussi franche et aussi édifiante !

SCENE VII.

HENRI, ÉLISE, Mme DE BRÉCOURT, JULIE, NÉRIS.

ÉLISE. Mais elle va recommencer toutes ses méchancetés !

Mme DE BRÉCOURT. Eh! qu'importe maintenant? Mes chers enfans, croyez-en votre vieille mère, le plus grand bonheur qui nous soit accordé, c'est l'amour dans le mariage, l'union dans la famille.

FIN.